JN012353

禍を超えて

～鍋屋田小学校校長室から～

はじめに

田川　昌彦

学校現場にとって、２０２０年度は「怒濤の1年間」でした。子どもたちにとっても、保護者にとっても、先生方にとっても、前例のない制約と焦燥の日々、今まで当たり前だったことが全く通用しない1年間でした。

例えば、保護者が学校に来て、子どもたちの成長を見る機会が圧倒的に少なくなりました。それを少しでも補えればと、学校ホームページの「校長室から」というブログを２０２０年3月からほぼ毎日更新し、退職する２０２1年3月までの更新回数は、２６５回になりました。続けていくうちに見て下さる方も増え、２０２０年度の終盤には毎日１００件前後のアクセスがありました。ブログを介してたくさんの方々とつながることもでき、ある卒業生の保護者からは「鍋屋田小を卒業してすぐに休校になってしまったので毎日見ていました。私も息子も、校長先生の書かれるものを読むことで、休校中の心の安定につながっていたような気がします」という話もいただきました。

もともと鍋屋田小は、土地柄もあって報道機関からの取材が多い学校ですが、２０２０年２月の全国一斉休校の開始要請の際には、各社から取材依頼が相次ぎました。休校に対する学校の対応を取材させてほしいという内容でしたが、こちらも試行錯誤の真っ只中でしたので、受けることにはためらいがありました。そんな中、ａｂｎ（長野朝日放送）の川見能人さんから、「コロナ禍で子どもたちの学びはどうなるのか、１年間を通じて取材させてほしい。ごく普通の学校と子どもたちが何に悩み、ぶつかり、そしてどう向き合ったのかを記録することは、歴史的、社会的に必ず意義のある記録になる」という申し出をいただきました。先生方が苦労している時に外部の人が学校に入ることのリスクや、子どもたちのありのままをメディアでさらした時に生じるマイナスの影響などを考えると、受け入れには迷いもありました。ただ最後は、取材の意義を真摯に語る川見さんの思いに押され、了承することにしました。それから１年間というもの、川見さんとカメラマンの本多正樹さんには、毎日のように学校にお越しいただき、私とたくさん話をしながら取材を続けていただきました。４月は異例の入学式と新生活、５月は休校中の過ごし方など、時期ごとのトピックを取り上げて、「ａｂｎステーション」で放送していただき、２０２１年４月には，集大成としてテレビ朝日系列のドキュメンタリー番組「テレメンタリー２０２１」で、「コロナは『学び』を変えた～長野市の教室から～」と題して放送していただきました。テレメンタリーの取材は１年間にわたって６年生を追う形となり、学級担任だった石井孝道先生には、気苦労をおかけしたことを申し訳ないと思っています。

ブログについて、何人かの保護者や地域の方から「校長先生、本にしないんですか？」と声をかけられました。書き始めた当初は夢にも思いませんでしたが、コロナ禍の学校現場の記録を残しておくことも必要なのではないかと考えるようになり、出版を決意しました。主な内容は、２０２０年3月から２０２１年3月までの13ヶ月間にわたって書き綴った、学校ホームページのブログ「校長室から」を再構成したものです。ページの関係ですべてを載せることができませんでしたが、振り返ってみてその月がどうだったかについて、新たに書き起こしたコラムを掲載することで補いました。加えて、その時々で揺れ動く学校が、外部からどう見えていたかについて、川見さんに月ごとの最終のページに記事を書き起こしていただきました。さらに川見さんには、「テレメンタリー制作記」として、この1年間の取材の総括についても書いてもらいました。私が書いたブログも、プロの新聞記者（川見さんは朝日新聞の記者で、２年限定の出向でａｂｎに来られていました）の目で、すべて見ていただきました。私のブログがメインでありながら共著になっているのは、２人で作り上げたと言うのが、ふさわしい本だからです。

ブログという公に、それもリアルタイムで発信する媒体の性質上、描いたのは学校のごく一部にすぎません。それでもコロナ禍の２０２０年度、長野市立鍋屋田小学校という、どこにでもある普通の公立小学校が何に悩み、どんな苦労をしたのか。子どもたちはどんな過程で、どんな学びと成長を重ねたのかについては一定程度、お伝えできていると思います。今も続くコロナ禍で、苦労されている先生方や、保護者のみなさん、頑張っている子どもたちに、少しでも勇気とエールを届けられれば幸いです。

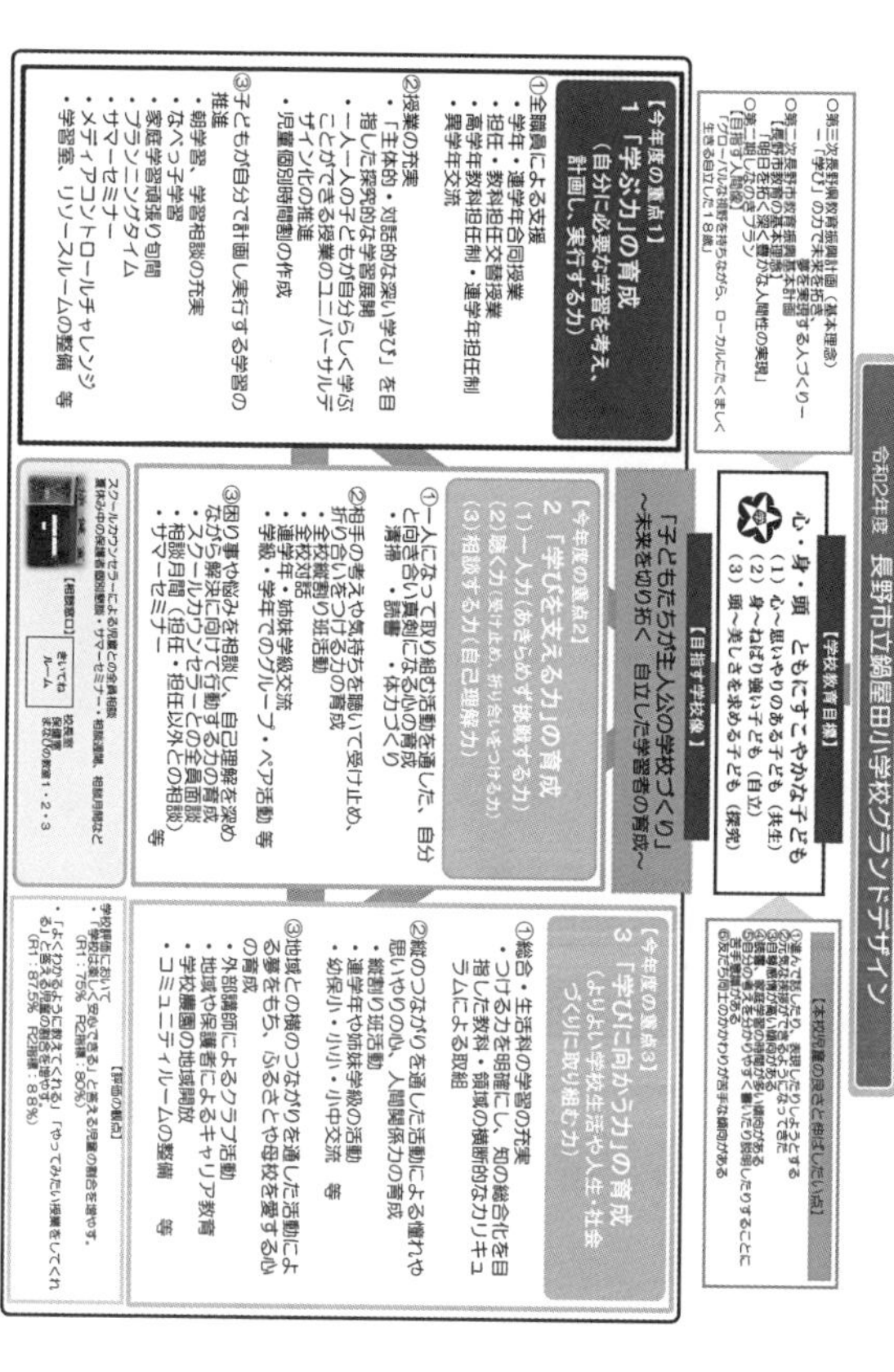

2020年度グランドデザイン

2020年度の歩み

2020年2月27日　安倍首相が「3月2日より全国小中高校一斉休校」を宣言
3月2日　準備登校　2019年度最終日（3月3日〜臨時休業）
3月17日　2019年度卒業式（卒業生・保護者2名のみ）
3月18日　在校生分散登校（1、4、5年）終業式、離任式
3月19日　在校生分散登校（2、3年）終業式、離任式
4月4日　2020年度入学式（新入生・保護者2名のみ）
4月13日　臨時休業開始（〜5月31日）
4月16日　第1回全国緊急事態宣言（〜5月14日　長野県解除）
4月21日　愛のおしゃべり大作戦　なべっ子チャイルドライン開始
4月29日　家からつながろう！第1回なべっ子児童集会（パプリカ）
4月30日　ネット通販型図書館開館
5月29日　家からつながろう！第2回なべっ子児童集会（WAになっておどろう）
6月1日　授業再開
6月5日　リモート第1回児童総会
7月10日　テレビ朝日ミュージックステーションで「家からつながろう！第2回なべっ子児童集会」が紹介され児童会長がリモートで出演する
7月30日　1学期終業式（7月31日〜8月17日夏季休業）

8月18日　2学期始業式
8月21日　5、6年校外学習（戸隠・飯綱方面）
8月31日　児童会役員が職員会議で運動会、音楽会の提案を行う
9月12日　セントラルスクゥエアオープニングセレモニー　5、6年出演
9月18日　4年総合「権堂の活性化策」第3地区住民自治協議会役員会で提案
10月16日　運動会
10月31日　4年総合「なべっ子商店」出店（ごん堂秋葉ベース）
11月5、6日　音楽会
11月20日　6年諏訪・茅野方面社会見学
12月15日　児童会企画ビッグイベント
12月26日　2学期終業式（オンライン）（12月27日〜1月6日年末年始休業）
2021年1月7日　3学期始業式（オンライン）長野西高校美術班制作「黒板アート」披露
1月15日　4〜6年スキー教室（いいづなリゾートスキー場）
2月10日　児童会企画「ナンシーデイ」
3月9日　6年「清走中」
3月11日　合唱団卒団コンサート（長野市芸術館）
3月13日　4年総合「なべっ子商店」出店（ごん堂秋葉ベース）
3月17日　2020年度卒業式（全校児童、保護者2名、来賓）
ギューリックⅢ世夫妻とのオンライン交流

禍を超えて　～鍋屋田小学校校長室から～　◎目　次

2020年度職員組織表

校長		田川昌彦（学校CIO）
教頭		徳武真弓
教務主任		福澤善史
低学年	1年1組 2年1組	安藤幸彦　牧内和美　宮島留美 水野綾乃　眞島奈美江*3上田樹里*3
中学年	3年1組 3年2組 4年1組 4年2組	小池恵子　町田豊文　村野美智子　水戸和義 池田久美子*3福澤善史　成田剛真
高学年	5年1組 6年1組 まなび3	渡辺貴美子　清水敦子*1　石井孝道 米山修一*2　西澤文香　辰巳志帆*3
通級	まなびの教室 1・2	牧内和美　眞島奈美江*3町田豊文
養護教諭		水野綾乃
事務主任		小林克之
学校司書		水田香織
庁務		勝田　誠

*1　音楽・家庭科専科
*2　学びの改革・実践校加配
*3　少人数学習加配・特別支援教育支援員

3月

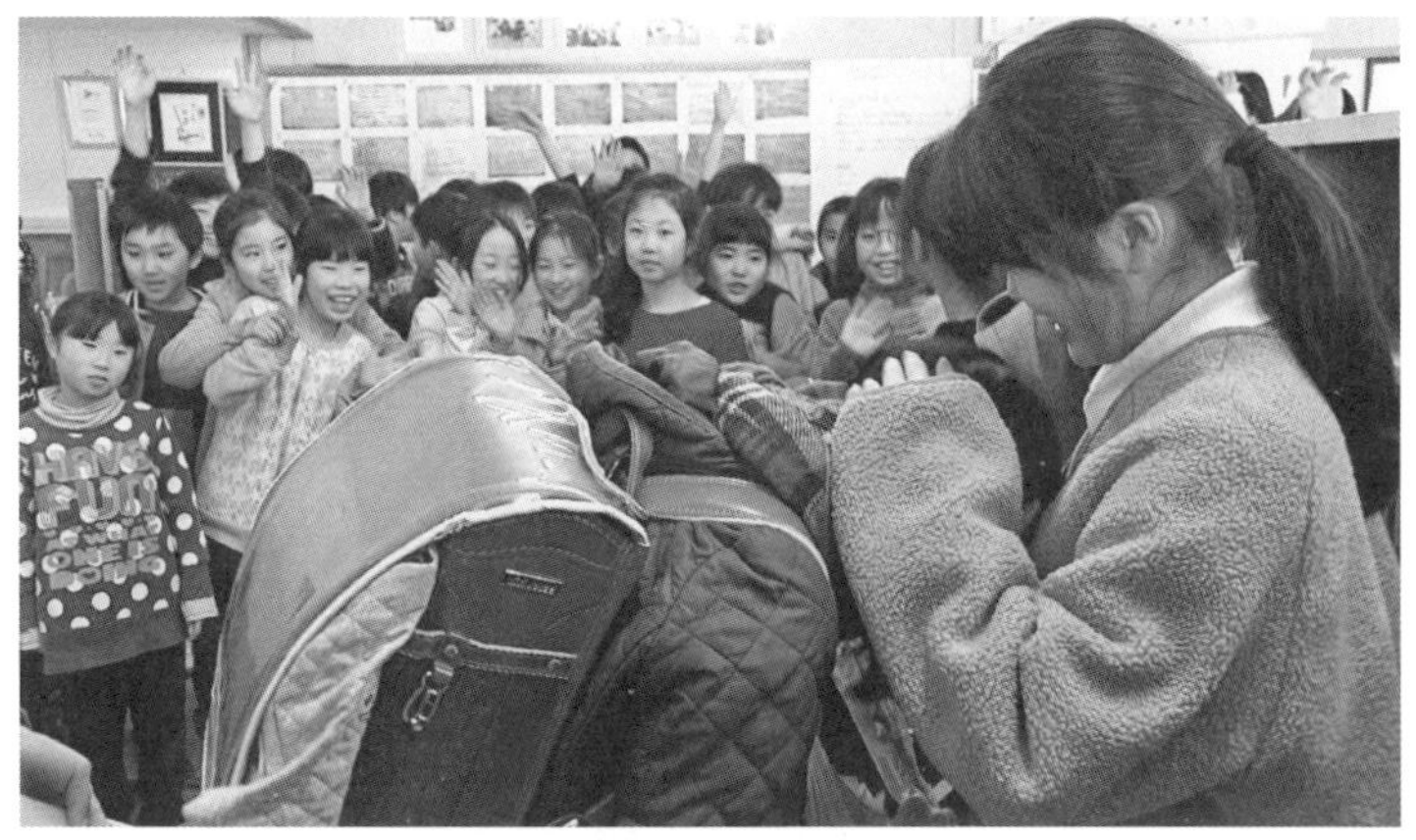

2020年３月２日　最終登校日

別れと出会い

２０２０年２月27日の夕方、職員室に残っていた先生方と何気なく見ていたテレビから、「３月２日から全国の小学校・中学校・高校を一斉休校に」という衝撃のニュースが流れました。「えっ！」としか反応できなかったのを覚えています。それから１時間以上、電話が鳴りっぱなし。ほぼすべてのマスコミ各社から取材がありました。「どう思いますか？　これから職員会をやるのですか？　卒業式はどうしますか？」。矢継ぎ早の質問に「私も今テレビで知ったところです。何も考えていません」としか答えられませんでした。

翌々日、市教育委員会から指示があり、３月２日は準備のために登校して、３日から休校ということになりました。卒業生にとっては「あと○日」とカウントダウンをしながら惜別の日々を過ごし、卒業を迎える３月でしたが、それが叶わなくなりました。５年生も、例年なら「６年生を送る会」「１年生を迎える会」などの行事を創り上げながら、最上級生としての自覚を持つに至るのですが、その機会も失われてしまいました。

卒業式前日の16日、６年担任の成田剛真先生がある児童の日記にあった一節を読んでくれました。「神様は私たちからたくさんの楽しみを奪いました。ですがいろいろなことが中止になったことで、学校に行けることのありがたさ、友だちと会えることはあたりまえじゃなかったことを神様は教えてくれました」。彼女の切ない思いに私たち職員は胸を締め付けられました。

年度の節目に必ずある「別れと出会い」。子どもたちが大切な人やモノとの別れをゆっくりと受け入れ、新しい出会いに向かって気持ちを切り替えてゆく３月と４月、この時間が子どもたちの成長につながる大きな意味を持っていることを痛感した３月でした。

（田川）

3月2日（月）「ありがとうの日」

本日3月2日が、令和元年度194日の最終日となってしまいました。本来ならもう少し時間をかけて「別れ」の気持ちを育みながら卒業式を迎えるはずでしたが、コロナウイルス感染拡大防止のため、明日から臨時休業となりました。校長が会議のため留守をしていたので、朝の時間に昨日撮影をしたVTRを放送しました。「6年生への感謝と別れの気持ちをもって過ごす一日に」と呼びかけました。1年生は、6年生の教室に行って一人ひとりプレゼントを渡しました。下校時には、4年生が昇降口で「6年生を送る会」で歌うために練習した歌を披露し、4、5年生がアーチを作って6年生を見送りました。どれもあらかじめ計画していた訳ではありませんが、6年生にとっては温かな贈り物となりました。

3月6日（金）臨時休業4日目

まず皆さんの一生に一度の晴れの卒業式を、感染拡大防止のためとはいえ、満足な形で開催できないことをおわびします。6年生にとっては「残り○日」というカウントダウンの数字が減っていく日々を大切にかみしめながら、卒業を迎えたかっただろうなあと思うと申し訳ない気持ちでいっぱいです。「あと10日」で時間が止まってしまいました。

思い出されるのは、2011年の3月です。東日本大震災の後、全国各地の学校で卒業式が中止されました。あの時、たくさんの先生方からメッセージが発せられました。「この春に卒業することを運命と受け止め、心に焼き付けてほしい」「君たちこそ復興の先兵となれ」。HP上にアップされたこれらの言葉は、児童生徒だけでなく様々な人々に勇気を奮い起こさせてくれました。状況は違いますが、今の皆さんも同じです。マスコミなどで伝えられる今の状況を皆さんはどのように感じていますか？　日本の政府の対応をどう考えますか？　冷静に、かつ合理的に6年生なりの自分の意見を整理してみて下さい。

3月12日（木）臨時休業8日目

先生方は毎日、卒業式と学級まとめの会、新学期に向けて準備を進めています。いつもなら、高学年の子どもたちが手伝ってくれる作業を先生たちだけで進めるため、時間がかかっています。卒業式で歌う職員合唱の練習も毎日やっています。また、今週に入ってから担任の先生たちは、お家の方やみなさんに「健康や学習の調子はどうですか？」と電話をしたり、メールでメッセージを発信したりしています。みなさんが学校に来なくても、先生方の気持ちはいつもみなさんに向かっているのですよ。

3月17日(火) 臨時休業11日目

白梅がよく映える青空に恵まれ、令和元年度卒業証書授与式が行われました。ほとんど練習なしのぶっつけ本番でしたが、6年生は証書授与も、合唱「友〜旅立ちの時〜」も立派にやり遂げてくれました。3月2日に急きょ撮影した「在校生からのビデオレター」も6年生の心に届くものでした。予定にはありませんでしたが、最後の学活を終えて昇降口に降りてきた6年生が、「桜の下で」(6年生を送る会で歌うはずだった曲)を歌い始めると涙が止まらなくなりました。6年担任の成田先生が昨日の最後の打ち合わせで、ある6年生の3月1日の日記の一節を紹介してくれました。「……給食づくり(最後のおにぎりづくり)もできなくなってしまいました。6年生を送る会、祝賀会、在校生との卒業式も中止となってしまいました。給食づくりは運動会や音楽会と違って、鍋屋田6―1オリジナル行事なので悔しいです。あとの3つは私が1年生の頃から憧れだったので、本当に悲しくて悔しかったです。神様は、私たちからたくさんの楽しみを奪いました。ですがいろいろなことが中止になったことで、学校に行けることのありがたさ、友だちと会えることはあたりまえじゃなかったことを、神様は教えてくれました。これからはもっと一日一日を大切に過ごしたいと思います。コロナが落ち着いたら、みんなで祝賀会のかわりをやりたいです」。今日の卒業式は、この子の切なくて悔しい思いに少しは応えられたでしょうか？　保護者の皆様、これまでのご理解とご協力本当にありがとうございました。そして6年生卒業おめでとう。

3月19日（木）臨時休業第13日目

在校生の分散登校2日目、今日は2、3年生でした。元気に登校してくれました。昨日と同じように、最初に教室の換気をしながら入念に健康観察を行いました。その後、放送で離任式を行いました。学級では、通知表やおたより等の配布、荷物整理や清掃、新年度の準備、転校するお友達とのお別れなど2時間ほどの時間を過ごしました。

明日からは春休みです。まだまだ流行は収まっていません。臨時休業中と同じように「咳エチケットや手洗い、不要不急の外出をしないこと、特に換気が悪く、人が密に集まって過ごすような場所に集団で集まることは避ける」等に注意しながら、適度な運動と学習で規則正しい生活を送りましょう。ウイルス感染が落ち着いて、元のような学校生活が戻ることを祈っています。新学期4月に元気で会いましょう。

突然の休校で失ったものは

「せえの、さようなら～」。3月2日の下校時、昇降口に子どもたちの大きな声が響きました。政府による全国一斉休校の要請に伴い、6年生にとっては急にやってきてしまった通常登校の最終日。見送りに出た下級生がはなむけに歌い、一人ひとりに一輪の花を贈ります。ただ、下級生の中には別れを惜しむだけではない、戸惑いの表情を浮かべている子も見受けられました。

この場面はその後、あらゆる面で続く制約と欠落のスタートでもありました。例えば卒業式。中学の制服を着て巣立つ6年生から「未来への刺激」を受けるはずが、在校生は誰も参加できなくなりました。開催自体が見送られることになった6年生を送る会、児童総会、1年生を迎える会は「行事を計画・運営する力」を育むもの。中でも5年生にとっては最上級生として初めて臨み、自覚と責任感が芽生える催しのはずでした。この状況に戸惑っていたのは新年度の計画を考える時期だった学校側も同じで、当時5年生の担任だった石井孝道先生は「残念だったし、何ができるかできないかも見通せない中で、その経験をどこで取り戻せばいいのかすごく悩みました」とその後、当時を振り返っています。

ただこうした焦燥や煩悶が後々、鍋屋田小に例年とは異なる新たな学びをもたらすことにもなります。基本スタンスは「できないことを嘆くのではなく、今だからこそできることをできるように考えよう」。学校全体が新たな学びへのスタートラインに立った。いや……、否応なく立たされた3月でした。

（川見）

4月

パプリカ

パプリカ

家からつながろう
なべっこ児童集会
〜顔を合わせられないけど、時間を共有しよう企画〜
家にいながらみんなで同じ時間に同じことをしよう!!

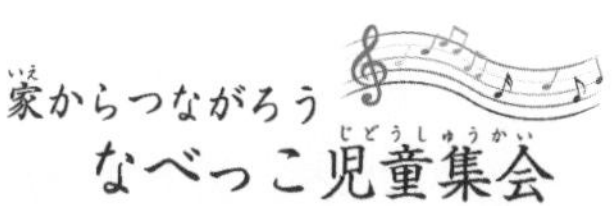
「パプリカ」を歌っておどろう
テレビの放送を見ながら、みんなで
パプリカを歌ったりおどったりしよう！

第１回　４月29日（水・祝日）
１１：５５〜１２：００
NHK Eテレ３（サブチャンネル※３）
「春のパプリカスペシャル」

１、なべっこ児童集会は第２回も予定しています。
２、この紙の裏に振付図解をつけました。見ておどってみて下さい。
※３、別紙にNHK Eテレ３（サブチャンネル）の設定の仕方をつけました。
チャンネル設定を確認してください。
４、良かったら、おどっている写真をスマホなどで撮っておいて下さい。
学校のホームページか何かに使うかもしれません。
データを集める方法は、学校からのお知らせを見てください。
５、NHK「パプリカ」YouTubeのQRコードです。

School at Home

鍋屋田小学校　児童会

第１回なべっ子児童集会チラシ

笑い・対話・つながり

４月も入学式はできたものの、翌週から臨時休校となりました。緊急事態宣言の発令で、結局５月末まで２ヶ月間、異例の休校が続くことになります。子どもたちには、学校に来ている時と同じように時間割を作って生活するよう指導しましたが、インターネットによる毎日の健康観察や生活アンケートの結果からは、体力の低下、生活リズムの乱れ、学習の遅れなど多くの課題が窺えました。しかし、最大の課題は、子ども同士の行き来が不可能な状況で、保護者が仕事に出てしまったり、保護者とは一緒にいられるものの友だちとの付き合いが減ったりして、寂しさを抱えてしまう「子どもの孤立」でした。

そんな中、電話や児童宅近くの屋外で、担任が個別に児童と会って話をする機会を設けてはどうかという提案が職員から持ち上がります。またいつでも先生と話ができる電話の設置や、児童が好きな本を予約して学校に借りに来る取り組みも始まりました。いずれも「つながり」の再構築が目的で、「つながっていることが実感できる学級、学校」という数年来の本校の目指す学校像が、先生たちに浸透していることを感じました。さらに驚いたのは、児童会長―・Y君提案の「家からつながろう！　なべっ子児童集会」です。各自の自宅でテレビから流れる「パプリカ」を見て、全員同時に踊るというもので、１００人以上の参加がありました。これらの取り組みを通じて、休校が隔てていた先生と子どもの関係性が元に戻ったり、子ども同士がお互いの近況を知って安心した場面もあったようです。

また職員室では職員同士の会話と笑顔が増えました。子どもの現状にどう向き合うか、５月以降はどうしていくか、積極的に話し合う様子も見受けられました。学校が何気ない日常の中で、さりげなく子どもたちの健全な成長を支えている重要な側面、それは、友だち同士で語り合うこと、時にはたわいもない冗談に笑う合うこと。そして先生が子どもに話しかけること。こうした「対話」が学校生活のすべての基盤であることを再認識した４月でした。

（田川）

4月4日（土）「校庭の桜が新入生29名の門出を祝ってくれました」

令和2年度入学式を行いました。校庭の桜が見事に開花し、新入生の前途を祝っているかのような春爛漫の一日となりました。29人の新入生は、期待と不安に胸を膨らませ、緊張した面持ちで入学式に臨んでくれました。コロナウイルス感染防止のため、地域の皆様や在校生の参加は叶いませんでしたが、録画した在校生からの温かなメッセージも披露されました。また、午後からは、2～6年生が約1ヶ月ぶりに元気に登校してくれました。放送による始業式、学活を行って下校となりました。5人の転入生を加え202人でのスタートとなります。今年度は様々な面で、いつも通りの行事や活動ができないことが予想されます。そんな限られた条件の中でいかに楽しめるか、子どもたちと共に知恵を出し合って考え、新たな発想で学校運営を進めて参りたいと考えています。

4月9日（木）「新入生が〝小学生〟になる4月～初めての給食、学校探検」

来週13日からまた、臨時休業となってしまいました。朝、放送で校長から「臨時休業を有意義に過ごすため」のお願いを3つしました。そんな状況ですが、1年生にとっては、一つ一つ経験しながら「小学生」になっていく大切な4月です。今日は初めての給食でした。みんな前を向いて食べるスタイルでしたが、楽しそうに食べていました。3時間目には、学校探検があり校長室にも寄ってくれました。恒例の1年生を迎える会もできません。校長室に来た6年生に「集まらずに、1年生の歓迎の気持ちを表せないかなあ」と投げかけてみました。考えてくれそうです。

4月13日（月）臨時休業1日目

9日の朝、放送でこんなお話をしました。予定していた準備登校と地区別登校がなくなってしまいましたが、みなさんに伝えたいことは同じです。

「鍋屋田小にみなさんの元気な声と笑顔が戻って、やっぱり学校っていいな、ようやく新学期が始まったなと感じていたところなのにとても残念です。でも、今一番大切なことは、みなさんの命と健康を守ることなのでもうすこしの間、目に見えないウイルスという敵に負けないよう、みんなと遊んだり、人ごみに出かけたりすることはがまんして下さい。この2週間でお休みが終わるかどうかもまだわかりません。もしかしたらこの先、また同じように学校がお休みになることがあるかもしれません。ですから、みなさんに今一番お願いしたいことは、おうちで、自分ひとりで勉強できる力をつけてほしいということです。このホームページやPTAメール、電話を使ってみなさんへのメッセージをできるだけ届けます。また、勉強する上で必要な情報をできるだけ紹介します。みなさんも遠慮なく担任の先生に電話をして質問したり、お話しして下さい。最後に、このお休みの間にぜひ本をたくさん読んで下さい。ぜひ、このピンチをチャンスに変えて、自分の力で勉強できる人になってほしいと思います。じつは、今年の鍋屋田小学校の目標は、むずかしい言葉ですが、自立した学習者になることです。みなさんならできると思います。がんばってください」

4月16日（木）臨時休業4日目

この2日間、保護者の皆様に、子どもたちが持ち帰れなかった教科書や課題のプリントなどを学校に取りに来ていただきました。学区内で感染が発生したことに、みなさん不安を抱えていらっしゃるようでした。持ち帰った各学年の課題の中に「学校と同じように自分で時間割を作って生活しましょう」というものがあったと思います。毎日の生活のリズムを整える上で、学校と同じ時間で生活することはとても大切です。しかし、頑張りすぎると続きません。そこで計画を立てる上で大事な点を3つお話しします。
(1)最初から6時間授業にしないことです。午前中の3時間くらいから始めてだんだん増やしていきましょう。
(2)体育や家庭科、図工、音楽など体を動かしながら学ぶ教科を毎日入れることです。さらに、読書の時間も必ず入れてください。
(3)必ず「帰りの会」をおうちの人と一緒にやって、その日の振り返りをするとともに、次の日の計画を立てましょう。1週間しっかりできたら、土日は思い切り好きなことをする一日にしましょう。
「学び」を途絶えさせないことが今一番大切です。

4月17日（金）臨時休業5日目

昨日、全国すべての都道府県を対象に「緊急事態宣言」が出されました。いよいよ地方での本当の戦いが始まります。自分と他者の「いのち」を守るため、ウイルスという「見えない敵」との戦い方をできるだけ「見える化」することが大切だと考えます。3密の回避が強調されていますが、もし、体調の心配な家族が出た場合や、緊急事態宣言地域に関係した家族がいる場合の対処方法も「見える化」することが、これから私たちがウイルスとどう戦うべきかを教えてくれます。様々な解説のなかで、茅野市役所のホームページに掲載されている諏訪中央病院の玉井道裕医師の解説が、詳しくわかりやすいので、紹介します。ぜひ、目をとおしていただければ、幸いです。

4月20日（月）臨時休業6日目

臨時休業が5月6日まで延長になってしまいました。コロナウイルスとの戦いは「長期戦」になりそうです。学校が何気ない毎日の中で、さりげなく子どもたちの健全な成長を支えている重要な側面、それは、先生が話しかけること。友だちどうしが語り合うこと。ときにたわいもない冗談に笑うこと。こうした「対話」が学校生活のすべての土台です。一斉休業中の最大の課題は、学力低下ではなく「子どもの孤立」です。

今週から、感染拡大防止に努めながら新たな2つの取り組みを始めます。

(1)「愛のおしゃべり大作戦」　学級担任が全児童と話す機会を設けます。

①電話で　②プラザで　③自宅付近で　の3つの方法から選んでください。学習や生活の悩み、心配なことを担任の先生と話しましょう。また、好きなこと、最近の様子、テレ

ビ番組や音楽のこと何でもけっこうです。おしゃべりしましょう。
(2)「なべっ子チャイルドライン」開設
学級担任以外の先生方がみなさんの電話を待ちます。おしゃべりしたいこと、相談したいこと何でも電話をかけてきて下さい。雑談待っています。

「つながっている学校、鍋屋田小学校」。先生たちは、全校のみなさんの思いを全力で受け止めるつもりです。皆さんも、クラスのお友達と時々電話で話してみてください。

4月21日（火）臨時休業7日目

3月29日に新型コロナウイルスによる肺炎で、志村けんさんが亡くなりました。この時私はコロナウイルスが、急に身近なものとしてヒタヒタとしのびよるのを感じました。還暦を過ぎた私たちの世代にとって、志村さんはコメディアンというよりも、テレビの中のゆかいな友だちでした。小学生のとき、志村さんの出演する「8時だョ！　全員集合」を見て、ゲラゲラと腹をかかえて笑った記憶は、大人になった今もはっきり覚えています。皆さんもきっと「バカ殿様」や「だいじょうぶだぁ」は知っているのではないでしょうか。志村さんの死は、悲しくて切ないことなのだけれど、きっと空の上で、いかりや長介さんと酒をくみかわしながら「笑って、コロナを吹き飛ばそう！」と言っているような気がしてしかたがありません。私たちは、笑うことで、一息つき、生きることを肯定していくのです。「笑う力」が残っているのならば、私たちは戦い続けることができるのです。

4月22日（水）臨時休業8日目

県立図書館や市立図書館が閉まっている中、「みなさんに学校の図書館の本を貸してあげられないだろうか」と思ったのですが、①子どもたちが借りたい本がわからない ②図書館の密集が避けられない、という問題に先週からぶち当たっていました。そんな時、児童会長のＩ・Ｙくんから「友だちと話せなくてさみしい思いをしている人が多い。何とか、そんな全校のみんなの気持ちをつなげないだろうか」と、「児童集会」開催の提案がありました。「えっ、学校に行けないのに児童集会？」。そんなこと絶対無理だろうと思う難問にみごとに応えたすてきな提案でした。私は感動してしまいました。詳しいことは、もう少し待ってください。来週、Ｉ・Ｙくんが自分で全校のみなさんに発信してくれます。お楽しみに！　私たち職員も「図書館の本をみんなに貸し出す方法」を必ず考えます。そして、全校のみなさん！　なべっ子の心をいやしたり、つないだりする、こんなことできないかな？　というすてきなアイディアを考えてください。提案を待っています。「できない理由はたくさん言える、でも何かを成し遂げたいと思ったら、やれる理由を探せ！」。これは、小惑星探査機「はやぶさ」のプロジェクトマネージャー　川口淳一郎さんの言葉です。昨日は、子どもから教えられた一日でした。

4月23日（木）臨時休業9日目

「愛のおしゃべり大作戦」が始まって2日目。電話や自宅付近訪問、プラザ訪問で元気な子どもたちの声や表情と出会えて、職員室に笑顔が増えました。みなさんの声や笑顔が先生方を元気にしてくれます。あるクラスでは、自宅近くの神社で算数のわからないところを教えることができて、その子もいい表情をして帰って行ったと担任から報告がありました。また、保護者のみなさんが本当に丁寧に、子どもたちの家庭学習をみて下さっていることが、先生たちからの報告でよくわかりました。課題は2つです。1つ目は、体力の維持、運動不足です。わりと多くの子がこういう状況にありそうです。2つ目は、生活リズムの崩れです。夜寝る時間が遅くなったり、朝起きる時間が遅くなったりしている子が少しいます。また、対策を考えていきます。

4月24日（金）臨時休業10日目

6年生を送る会も、1年生を迎える会も、児童総会もできなくなってしまった、新児童会が動き出します。「家からつながろう!なべっこ児童集会〜顔を合わせられないけど、家にいながらみんなで同じ時間に同じことをしよう!!〜」。児童会長I・Yくんの発案です。

日時は、4月29日午前11時55分です。この時間にテレビのチャンネルを、Eテレ3のサブチャンネル（023）に合わせてください。番組は「春のパプリカスペシャル」。テレビの前で、なべっ子202名が同じ時間に、同じ「パプリカ」を歌っておどりましょう。ずっとお家で過ごしているみなさん、一瞬でも、なべっ子のみんなと「つながっている」気持ちになりましょう。できれば、おどっている写真をおうちの人に撮ってもらってください。29日は、先生たちも全員、おうちから参加します。つながれ!! 6年生、そしてあおぎり会。I・Yくんの思いをまずは6年生がつないでください。

4月27日（月）臨時休業11日目

「ネット通販型　学校図書館」ＯＰＥＮです。図書館の本の貸し出しができることになりました。開館日は、4月30日、5月1日のいずれも午前9時～午後6時です。貸し出しは3冊までとします。本のオーダーシステムは次の4通りです。1つ選んでください。①本日配られた「学年別おすすめ本リスト」から選んで、28日の健康観察アンケートフォームに番号を入力する。②リストにないもので、借りたい本が決まっている人は、アンケートに希望の本の題名を入力する。③おまかせでいい人は、図書館の水田先生がその子にあった本を3冊選んで下さいます。④自分で図書館に行って選びたい人は、本日配布の通知にある苗字のアイウエオ順の時間帯に、親子で来館して下さい。密集を避けて一家庭10分の閲覧を可能とします。①～③を選んだみなさんは、30日、1日に児童の下駄箱にご注文の本を配達しておきますので、割り振られた時間帯に取りに来て下さい。①～③で希望があった本は、④のみなさんが選ぶとき図書館にはありませんのでご了解下さい。「鍋屋田小はコロナに負けない」。これからも新たな試みに挑戦し続けます。

4月28日（火）臨時休業12日目

先週「なべっ子チャイルドライン」を行いました。ある3年生が何回も電話をかけてきて先生方とお話をしていました。最初は緊張気味だったそうですが、だんだん慣れてきてはっきり話せるようになってきたそうです。相談は「時間割通り進まないこと、ストレスがたまったらどうしたらいいか、地震が怖かったこと、漢字の宿題のこと」などでした。誰が出るかわからない中で、3年生が自分で学校に電話をし、きちんと自分の悩みを伝えられるってすごいことだと思います。これからもいつでもどうぞ。

4月29日（水）特別編

本日は、第1回なべっ子児童集会でした。みなさん、「パプリカ」はおどれましたか？私も学校に来て、みなさんの顔を思い浮かべながら、笑えるほどへたくそなパプリカをおどりました。明日から「ネット通販型　学校図書館」OPENです。28日に、先生方でオーダーされた図書館の本を、一人ひとり、袋ごとに分けて下駄箱に届けました。また図書館に来る人が人気の本を見つけやすいような陳列にもしました。希望が重なってお望みの本が届かない人もいますが、許して下さいね。また28日は、先生方で中庭の花壇にきれいに花の苗を植えました。残念ながら中止となった「2020善光寺花回廊」で使うはずだった花です。きれいなのでぜひ見に来て下さい。

4月30日（木）臨時休業14日目

第1回児童集会大成功です。100人以上のみなさんが参加し、70近くのご家庭から120枚以上の写真と動画の提供をいただき、昇降口に掲示しました。壮観です。まだまだ増えそうです。子どもたちは学校にいませんが「なべっ子203人の繋がり」が見えた取り組みでした。5月1日午後6時15分～からのabnステーションの特集で、鍋屋田小の取り組みが紹介されます。2月に安倍首相の全国一斉休校要請があった時から現在まで、地域柄もあって多くのマスコミ各社から取材依頼がありましたが、基本的にはすべてお断りしてきました。なぜならこの問題は非常にデリケートで、例えばその一部分（卒業式とか入学式など）を切り取られてニュース映像にされてしまうと、視聴者の目には様々に映ってしまう危険性があり、どんなに良かれと思って取り組んでいても、それに対する賛否のご意見があることが予想されたからです。しかし、abnさんは、「コロナ禍の中で子どもたちの学びをどう支えるか」という一貫したテーマをお持ちで、「学校が、子どもたちがどう揺れ動いたか、そしてどう成長したか」を、社会的・歴史的に意味のある記録として、長期にわたって丁寧に追ってくださるということだったので取材を受けることにしました。それから2ヶ月、それこそ何回も学校に足を運んで私と対話を重ねながら、どのような映像を撮影したら学校の苦悩と子どもたちの学びの様子が忠実に描けるか、試行錯誤を重ねていただいています。4月10日に一度目の特集が放送されご覧になった方もいらっしゃると思いますが、今回はその2回目となります。「感染拡大防止」と「子どもたちの学びの保障」という相反する2つの命題に格闘する鍋屋田小のジレンマと、その中で頑張る〝なべっ子〟の姿をご覧ください。コロナが終息して子どもたちの笑顔が戻った学校の将来と、もしかしたらその時には、まったく新しい学校の学びのカタチが生まれている可能性に期待しながら、今後も取材は続きます。

慣れと焦燥の先に

「授業の方が分かりやすいけど、自分でまとめるのもこれからは大切かなと思って頑張っています」。2度目の休校も約2週間がたった4月下旬。6年1組の枦山湊音（はしやまみなと）くんは取材にこう話しました。日中は高校1年で同じく休校中の兄と、祖母の家で過ごしていた湊音くん。学校の指導通り自分で時間割を作って勉強していて、「ステイホーム」に辟易しつつも、ある程度は慣れている様子も見受けられました。

一方、「パプリカ」を踊るリモート児童集会を提案した児童会長の岩崎唯人（いわさきゆいと）くん。「児童会として全く動けていない。このままでは（児童会なんて）名前だけだなと思った」。全校で同じ時間に同じダンスを踊るというコロナ禍対応の企画案は、もどかしさがきっかけでした。

断続的な休校は既に50日。「日常」として受容している面と、ただ過ごしているだけではだめだと思う焦燥感が、子どもたちには交錯していると感じました。特に6年生は、「最上級生としての1年間をとにかく充実したものにしたい」という思いが強かった。小規模校で異学年交流が活発なことから、上級生を一歩先のロールモデルとして追い続けてきた「なべっ子」らしさを感じました。

湊音くんにやる気の源を聞くと、こんな答えが返ってきました。「『休校中、自分は勉強ができたぞ』という自信を持った自分で学校生活に戻りたい」。生活が乱れ、思うように勉強できなかった子がいたことは事実です。ただその子たちも含め、この状況を決して良しとしてはいけないという気持ちをどの子も持っていたように感じました。

（川見）

5月

中庭花壇（頑張ろう鍋屋田）

第2回なべっ子児童集会

自ら学ぶ子を育てる難しさ

鍋屋田小の2020年度の目指す学校像は「自立した学習者の育成」でした。これはコロナ禍以前から決めていたことでしたが、「自学自習の力」を伸ばすというのはそう簡単なことではありませんでした。

休校中、先生方は課題の出し方を工夫していましたが、入学したばかりの1年生への課題、音楽や体育など実技教科の課題をどう出すかなど悩みは尽きませんでした。また、子どもの家庭環境や能力には大きな差があり、一人で学ぶことが難しい子には教師のサポートが必要でした。個別指導ができる「愛のおしゃべり大作戦」や分散登校は、そうした子どもにとって大きな支えとなりました。大半の子どもたちは「勉強をしなければ」と思いつつも、長い休校で意欲を失いがちでした。

私は以前から月に一度、「ドラゴンクエスチョン」と称して子どもたちに様々なミッションを出していました。想像力、論理的思考力、感性、説明力、器用さなどを育み、挑戦し続ける態度を養うのが狙いです。休校中は7つのミッションを出しました。表紙の写真はその一つ、「四つ葉のクローバーを押し花にして言葉を添えて絵手紙を作ろう」で、6年生の湯本真凛（ゆもとまりん）さんが作りました。四つ葉のクローバー203枚（全校児童数）を、湯本さん自身が公園や校庭で集めて仕上げたものです。作品は、理科や図工、国語など様々な学びの要素が詰まっていて、足らざる中でも学ぶ工夫を重ねてほしいという、私の意図に見事に応えたものでした。湯本さんのみならず、多くの子どもたちがこのドラクエに挑戦し、独創的な作品を寄せてくれました。

学ぶ意欲を失うことなく、その子なりの学びを積み重ねられるようにどう導くか。かつてない休校という事態を乗り切るには、全体への学ぶ意欲をくすぐる仕掛けと個別への丁寧な支援という両輪を回していくことが必要でした。

（田川）

5月2日（日）特別編

5月からWEB版「怪盗校長のドラゴンクエスチョン2020」を始めます。添付の資料をおうちの人に印刷してもらって取り組んでください。作品は、今度宿題を出す時に出してください。優秀な作品はHPで紹介し、賞品を差し上げます。頑張ってください。

5月3日（月）特別編

1日のabnステーション見ましたか？ 子どもたちの成長と鍋屋田小のつながりが伝わる素敵な特集だったと思います。番組の構成に創り手の視線の温かさを感じました。パプリカの編集はさすがプロ!! 音（歌）と動画、写真が見事につながっていて見ごたえがありました。写真を出したのに使われなかった人はごめんなさい。他局（NHK）のテレビ画面が映っていると使えないんだそうです。放送の後、メールや電話をたくさんいただきました。また、この春転校していったお友達も、遠くから参加していただき、同じ気持ちを分かち合ってくれたとお聞きしました。2日に臨時校長会があったのですが、近藤守教育長が録画した映像を見せて紹介してくれました。校長がちょっと出過ぎていてそこが難点ですが、これが密着取材の怖いところで、知らないうちに撮影された映像がたくさん使われていました。使われたのはたくさん撮っていただいた映像の1／5くらいかな？このあたりにもプロの仕事を感じました。動画や写真を含めて出演してくれた子どもたち、ありがとうございました。また、ご協力いただいた保護者の皆様に深く感謝申し上げます。

5月5日（水）特別編

緊急事態宣言の再延長が決まりました。県・市の決定を経て明日には「11日からの臨時休業の延長」が示されそうです。ただし、文部科学省は、懇談会の提言を引いて「学校における感染リスクをゼロにするという前提に立つ限り、学校に子どもが通うことは困難であり、このような状態が長期間続けば、子どもの学びの保障や心身の健康などに関して深刻な問題が生じることとなる。社会全体が、長期間にわたりこの新たなウイルスとともに生きていかなければならないという認識に立ち、その上で子どもの健やかな学びを保障するということとの両立を図るため、学校における感染リスク及びその拡大を可能な限り低減しつつ、段階的に実施可能な教育活動を開始し、その評価をしながら再開に向けての取り組みを進めていく」という考えを示しました。つまり「感染防止に努めながら段階的に教育活動を再開していく」ということです。11日からは、臨時休業中ではあるものの、子どもたちに少しずつ学校に来てもらえることができそうです。

5月6日（水）特別編

連休中、毎日の健康観察ありがとうございました。皆さんおおよそ元気で何よりです。きのうの健康観察アンケートに質問を一つくわえさせていただきました。「学習や生活面で工夫していること、取り組んでみて効果があったことがありましたら紹介してください。またメッセージがありましたら自由に記述してください」というものです。たくさんの回答ありがとうございました。本日の健康観察アンケートで了解を取り、個人が特定できないようにして、添付した別紙で紹介します。「なるほど、うまいなあ、ほほえましいなあ」と思う取り組みがたくさんありました。こんな状況でも「〇〇ができるようになった」というコメントがあり、ご家族で工夫しながらストレスを発散し、自学自習できる子どもたちに成長してきていること、家族の一員として役割を果たしていること、とても頼もしくうれしく思います。ぜひ参考にご覧いただき、取り入れてみてください。ドラゴンクエスチョンステージ1で、7つのミッションを出しました。取り組んでいるお友だちもいてうれしく思います。その中に「四つ葉のクローバーを探して絵手紙に」というミッションがありました。その参考にと、2年生の子が鍋屋田小学校の「四つ葉のクローバーマップ」を作ってとどけてくれました。

5月7日（木）臨時休業15日目

イタリア・クレモナに住んでいる日本人ヴァイオリニストの横山令奈さんが、地元の病院の屋上で演奏。その様子がYouTubeなどを通して世界中に流れ、大きな感動のうずを巻き起こしました。ヴァイオリンの名器を産んだストラディバリが活躍した街として知られるクレモナは、感染が拡大したイタリアの中でも感染者は5000人を数え、900人近い死者を出しています。演奏はスピーカーを通して病院のまわりの地域に届けられましたが、病院では防護服姿の医師や看護師が窓を開けたりベランダに出たりして、美しいヴァイオリンの調べに聴き入りました。今、私たちにとって〝命と体〟を守ることと同じくらい〝心の健康〟を守ることが大切です。心の健康を守るひとつの手段に「音楽」があります。世界には数え切れないほどの音楽があふれていて、人々の生活を支えたり、豊かにしたりしてくれています。そんな中からみなさんにぜひ聞いてほしい曲を3つ紹介します。

1　「Believe」東京混声合唱団
2　「民衆の歌」（レ・ミゼラブルの劇中歌）日本のミュージカル俳優36人
3　「いのちの歌」竹内まりや

小学生のみなさんがこの曲の良さを感じるのはちょっとむずかしいかな？　こうしたアーティストの皆さんも、ステージの機会が失われて大変苦しんでいます。そんな中でも、人々に勇気と感謝を伝えたいと、様々な形で発信を続けてくれています。学校が始まって少しずつ授業ができるようになっても、もとのような授業に戻るのが一番むずかしい教科、それは音楽ではないでしょうか。今、宿題を出すにあたっても清水先生がとても苦労していらっしゃいます。今年音楽会がいつも通りできれば、先生方と一緒に歌いたかったのは、この「いのちの歌」でした。みんなで音楽が楽しめる時が早く来ることを祈るばかりです。

5月8日（金）臨時休業16日目

児童会が動いています。本日、石井先生のもとに健康委員長S・Tくん作の「新型コロナウイルス　気をつけること」というポスターが届きました。画用紙3枚にわたる大作です。全校児童への「手洗い、せきエチケット、適度な運動、換気の呼びかけ」がていねいにまとめられています。健康委員長として今なにができるか考えた末の作品です。11日に全校児童に配布し、各教室にも掲示したいと思います。連休前のパプリカ児童集会、「四つ葉のクローバーマップ」を作って届けてくれた2年生、「学習、生活の工夫」として集めた中の「○○ができるようになりました」という子どもたち、ドラゴンクエスチョンに挑戦する子など、まさに私たちが今年度掲げた目標「自立した学習者」の芽が少しずつ芽生えてきています。それでもまだ小学生。お家の方の大きなサポートがあってこその成長だと痛感しています。来週から少しずつ「分散登校」が始まります。しかし、またいつ臨時休業に戻るかわかりません。この間は、基本的に「自学自習」です。みなさんは自ら学び、先生方はそのお手伝いをします。コロナとの長期戦を戦い抜いた未来（アフターコロナ）に、「先生や親から言われるから勉強する」のではなく、「よりよい未来を創るために自ら学ぶ」子どもたちが増えてくれることを期待しています。もしかしたらそれがこれからの新しい学びのカタチになるのかもしれません。

5月12日（火）臨時休業19日目

分散登校1日目。居町・西鶴賀町の子どもたちの登校でした。残念ながら私は、校長会で留守をしていたので、終礼での先生方の報告から今日の様子を知りました。朝、昇降口に入ってきた子どもたちは、いつもと違って緊張感いっぱいだったそうです。その後、静まりかえった教室で黙々と勉強に集中していたようです。無理もないと思います。約2ヶ月ぶりの学校、感染への心配や不安、少ない人数の友だちとの距離の遠さなど、ふだんと違う雰囲気にドキドキしながらの半日だったでしょう。それでも、体育の時間にグラウンドで体を動かしたりして、下校の頃になるといつものような笑顔が戻ってきたそうです。登校してくれたみなさん、どうだったでしょうか？　また、聞かせてください。

5月13日（水）臨時休業20日目

分散登校2日目。七瀬中町の子どもたちの登校でした。七瀬中町の見守りボランティアの方々が学校まで送ってきて下さいました。笑顔もあり、ふだんと変わらない様子の子どもたちに逢えました。5月5日のこどもの日に、全国の25万人の小学生が選んだ第2回〝子どもの本〟総選挙の結果が発表されました。第1位に輝いたのは、みなさんもおなじみ「ざんねんないきもの事典」でした。このシリーズはトップ10に4冊も入りました。実は去年、図書館の水田先生が提案して下さって、この総選挙に鍋屋田小の全員が投票しています。みなさんが選んだ本は入っていましたか？　事務局から鍋屋田小に感謝状が贈られてきました。昇降口に飾ってあるので、登校したときに見て下さい。

5月14日（木）臨時休業21日目

分散登校3日目。緑町、権堂、東後町、西後町の子どもたちの登校でした。下校の時に、4年生に聞いてみました。「楽しかった？」【うん】「何が楽しかったの？」【体育で体を動かしたことと、みんなに会えたこと】【明日も来ていいですか？】「気持ちはわかるけどダメなんだ、ごめんね」。こんなところがみんなに共通した気持ちですかね。

昨日、保護者の方からメールをいただきました。「久しぶりの登校で子どもたち、いきいきとして学校へ行き、最高の笑顔で帰ってきました。見守りのため登下校の付き添いをしていたところ、権堂の方々から声をかけられました。『鍋屋田小の入学式とパプリカのニュースや新聞を見てとても嬉しかった。コロナで権堂のイメージはがた落ちで、知り合いからももう権堂へは行かないと言われてしまって困っている。そんな中、鍋屋田小が元気でやっているニュースはとても嬉しかった。権堂もがんばっているからまたこれからも元気なニュースを発信してほしい』と、笑い声を上げながら歩いている子たちを見てにこにこと嬉しそうに話されていました。鍋屋田と地域がつながっていることを感じてうれしくなり、お伝えしたくメールさせていただきました」。権堂の皆さん、ともにがんばりましょう。

5月15日（金）臨時休業22日目

分散登校4日目。上千歳町、南千歳町、問御所町、新田町のみなさんの登校でした。

本日のアンケートで今週の分散登校について、子どもたちと保護者のみなさんに感想を聞いてみました。【「朝顔植えたよ！」帰ってくるなり大興奮で教えてくれました。とても楽しかったようです】【久しぶりにお友達に会えてたくさんお話もできたようです。先生に会えて嬉しかったと話してくれました】【帰宅してからの子どもの顔がキラキラしていたのでやはり子どもには学校が必要だと感じました】【笑顔で帰ってきて学校の様子を嬉しそうに話してくれました。苦戦していたリコーダーも学校で吹けるようになって聴かせてくれました。改めて学校に行けることのありがたさを実感しました】たくさんの温かなコメントをありがとうございました。私たち職員もとても励みになります。感染防止や登下校の安全、熱中症への不安の声もいただきましたので、改善しながら来週以降も「来てよかった」といってもらえるよう頑張ります。

5月17日（日）特別編

世の中では「休業中の学習の遅れをどうするのか」という議論が始まっています。「9月入学?」「夏休みなし?」「複数年で取り戻す?」「行事の見直し?」「6年生の優先登校?」。失われた授業時間を取り戻すための様々な意見が出されていますが、授業時間も確保しつつ、最も大切なことは感染防止に最大限努めながら「学びのあり方」を再構築することだと考えます。なぜなら、6月に学校が再開しても、しばらくはいつものような授業はできません。また、いつ第2波が来て臨時休業になるかもしれないのです。コロナと共存する社会・新しい生活様式の中で、新しい学びのカタチ「なべやたスタイル」を模索していきたいと考えています。先週の先生方の学習支援の様子を見ていると、①家庭で教科書や学習カードを使って予習をする　②登校した時に学校でしかできない学習をする（例えば、理科で演示実験をする、算数で模型を使って体積をイメージ化させる、リコーダーの指遣いと音階について教えるなど）　③わからない部分の質問を受ける　④学校での学習を活かして家庭や地域での追究を進める　⑤次に登校した時、交流や評価（発表やテスト等）を行う　⑥評価に基づいて個別に子どもを登校させてフォローする、というサイクルができてきているような気がしました。

5月18日（月）臨時休業22日目

新しい学びのカタチ「なべやたスタイル」を検討するうえで、オンライン授業は避けて通れない取り組みなのですが、大きな壁があってこれまで触れてきませんでした。家庭におけるWEB環境の差やインターネット利用のリスクなど、まだ解決できない問題がありますが、リスクを最小化してメリットを生かすことができれば、家庭学習に生かすことができるかもしれないと考えています。挑戦したいのは「動画配信」です。①分散登校ができるようになって、家庭で視聴できない児童にも学校で時間を取って見てもらうことがで

きること　②どこの誰だかわからない人の授業より鍋屋田小の先生の動画の方が学校での学習とつながりやすいこと　③英語や音楽などは繰り返し再生したり、一時停止したりして学習する方が定着しやすいこと、など挑戦する価値を感じます。しかし、不特定多数が閲覧するリスク、子どもたちの情報モラル、保護者の監督下での視聴など課題は山積です。ＨＰからリンクをはってYouTubeで配信する方法を考えていますが、できるところからチャレンジしてみたいと思います。

5月20日（水）臨時休業24日目

教頭先生と高学年の先生方が制作していた6年生向けの英語動画「Unit1　自己紹介」ができましたので初配信してみます。一時停止や巻き戻しを使って繰り返し聴いてみて下さい。昨日も6人の子どもたちがドラクエの作品を提出してくれました。今日届けてくれた6人の作品（1年・2年2人・4年・5年・6年）は、その感性や完成度に感動です。思わず先生方にも見せてしまいました。これで参加者が30人を超えたので、校長室前に【ドラゴンクエスチョンコーナー】を作りました。ぜひご覧下さい。

5月21日（木）臨時休業25日目

分散登校3日目。今日は3つお知らせがあります。まず、第2回なべっ子児童集会のお知らせです。児童会長I・Yくんがまた考えてくれました。日時は、5月29日午後9時～です。abnで放送される「ミュージックステーション」という番組で、先週から「WAになっておどろう」プロジェクトが始まりました。この曲は、1998年長野冬季オリンピックのテーマソングで、みなさんのお父さんやお母さんはよく知っている曲です。毎週ジャニーズの各グループが、新しい振り付けのダンスを披露するようです。ぜひ、テレビの前で歌っておどりましょう！　今回はみなさんが登校する機会があるので、学校でも休み時間に練習します。つながれ！　なべっ子。2つ目は、22日午後6時からabnステーション特集で、鍋屋田小の取り組みの第3弾が放送されます。これだけ続けて取材を受けていると、うまくいっていることだけではなく、課題や悩みもすべてひっくるめてありのままの姿を撮っていただくのも大事だと思えてきます。今回は、そんな素の鍋屋田小も垣間見える特集になるのではないかと思います。おこがましいですが最近、学校も番組の共同制作者のように感じることがあります。ぜひご覧ください。3つ目は、鍋屋田小のみなさんへのビデオメッセージです。昨年11月に、信州大学の小児科のお医者さん　盛田大介さんが本校にお話に来てくれたのを覚えていますか？　白血病で県立子ども病院に入院していた中学校時代、何もかもいやになって投げ出したくなる毎日、そんな自分を支えてくれた学校の友だちや家族、一緒に入院していた仲間の支えがあって、命や生きることの大切さを知り、医師になろうと決意したというご自身の人生を語ってくれました。「やりたいことが何もできない」闘病生活を経験した盛田さんだからこそ今話せること、30分にわたるみなさんへの温かいメッセージが語られています。イライラしていたり、後ろ向きになっているみなさん、彼の前向きな言葉に勇気をもらって下さい。

5月23日（土）特別編

昨日は分散登校4日目でした。先週は養護教諭の水野先生が作成した「こころとからだのチェックリスト」に沿って各クラスで調査を行い、21、22日には子どもたちとの教育相談も実施しました。「学習面での心配のほか、運動不足で夜眠れない、イライラする、家族の中でちょっとしたことでぶつかってしまう」など切実な悩みが出されました。来週も「子どもたちの声」を丁寧に聞くことを心がけていきたいと思います。ドラクエも新たに3人の子どもたちが作品を届けてくれました。今日紹介するのは、ミッション1「全校へすね。

の提案」です。きのう放送されたａｂｎステーションの特集に登場したＴ・Ｙさんが最後になにげなく語った「Tomorrow　あしたは幸せ」は今、世界中の人たちの切実な祈りですね。

5月24日（日）特別編

６月１日からの学校再開が決まりました。ようやく主人公が学校に戻ってきます。「学校の新しい生活様式」の中で、今までどおりできないことはたくさんありますが、工夫しながら子どもたちの学びと楽しい学校生活を支えていきたいと思います。29日開催の第２回なべっ子児童集会「ＷＡになっておどろう」で、ミュージックステーション出演のジャニーズのグループが決まりました。「A.B.C.-Z」だそうです。先生たちも毎日、終礼の前におどっています。今週は学年別登校、休み時間にみんなで練習して本番を迎えましょう！　今回もたくさんの写真や動画を待っています。つながれ、なべっ子！

5月25日（月）臨時休業27日目

今週から学年別の分散登校になりました。1、4、6年生が（月）（金）、2、3、5年生が（火）（木）、1、6年生は（水）の登校になります。1、6年生は週3回、その他の学年は週2回の登校です。簡易な昼食も出ます。学年別にしたのは、学年の友だち全員と顔を合わせて、来週6月1日からの学校再開（通常登校）に備えるためです。教室での学習は人数を分けて進めますが、学年単位の体育など少しずつみんなで一緒にやる活動も行います。「WAになっておどろう」の練習や、盛田大介さんのメッセージの視聴、「なべやたフレンズ」の視聴なども学年単位で行います。

5月26日（火）臨時休業28日目

学年別分散登校2日目。今日は2、3、5年生の登校です。私は、池井戸潤さんという作家が大好きで著作はほとんど読んでいます。今シーズン始まるはずだった「半沢直樹」シリーズのロケができなくて、放送が延期になっています。そのかわりに再放送「ノーサイドゲーム特別編」が4夜にわたって放映されました。ラグビーワールドカップに沸いた昨年の熱狂が思い出されて、結末がわかっていても毎回涙が止まりません。「ノーサイドの精神・ONE TEAM・未来につながるパスがある」など今心にしみることばが生まれた2019年。早くスポーツが楽しめる世界になることを祈るばかりです。みんなでおどる「パプリカ」と「WAになっておどろう」は、延期された東京オリンピック実現への期待感の表現ですね。昨日も4人の子どもたちがドラクエの作品を出してくれました。その中で6年生の女子が出してくれた「四つ葉のクローバー絵手紙」（表紙写真）にはまいりました！　すごいとしか言いようがありません。子どもたちは我々大人の考えていることを軽々と超えてくれます。その作品の素晴らしさは……ぜひその目でご覧下さい。

5月28日（木）臨時休業30日目

学年別分散登校4日目。今日は2、3、5年生の登校日でした。来週から通常登校となります。保護者の皆様の中には「やっと学校に行ってくれる」とほっとしている方もいると思いますが、一方で「本当に大丈夫だろうか」と不安に思っている方もいらっしゃると思います。その心配はよくわかります。そこで本校では、文部科学省と長野市教委からの通知に基づいて「学校再開ガイドライン」を作成しました。感染拡大防止を第一として、

①3密の回避とソーシャルディスタンスの徹底　②手洗いの徹底と時間の確保　③1学期中は全校一律、一斉の活動を避ける、など「学校における新しい生活様式」の浸透に努めます。さらに、第2波、第3波、インフルエンザの流行などを想定して、子どもたちの「自学力の向上」を目指します。一コマを従来の45分から35分に短縮する代わりに、その日の家庭学習をプランニングし、それに沿って勉強に取り組み始める「なべっ子学習タイム」を毎日設けます。あわせてこの時間には全職員での「個別支援」も実施します。すべて教え込むという従来の授業観を転換し、子どもたちが主体的に学ぶ「まなびのなべやたスタイル」の構築を目指してまいります。こんな考え方に基づいて、日課表と年間計画、指導計画等を見直しました。詳しくは6月の学級懇談会でご説明する予定です。

5月29日（金）臨時休業31日目

学年別分散登校5日目。今日は、1、4、6年生の登校でした。今日、4年生全員が校庭いっぱいに広がって都道府県カルタ取りをやってみました。4人ごとのグループ対抗とクラス対抗で取った枚数を競いました。みんな汗をいっぱいかいてグラウンド中を走り回って頑張っていました。体育（運動不足解消）と社会科の勉強を合わせた学習で、体力と知力が試されました。楽しそうにやっていてよかったです。いよいよ今日は「家からつながろう　第2回なべっ子児童集会」です。少し遅い時間なので無理をせず（特に低学年の子どもたちは）、番組終了後ネットに動画がUPされますので、それを見ながら翌土曜日や、その次の日曜日におどっても結構です。

5月30日（土）特別編

月曜日から新しい学校生活が始まります。この間、子どもたちはやりたいことが思いっきりできずにがまんの連続だったと思います。なべっ子203人、本当によく頑張りました。先生たちも先が見えない中、様々なご意見に配慮しながら、何度も何度も次の計画をたてててはひっくり返され、毎日の環境消毒に疲れ果て、心が折れそうになる3ヶ月間でした。そんな私たちの支えになったのは、分散登校をしてくれた子どもたちの笑顔であり、なべっ子チャイルドラインで電話をくれた子どもたちの声であり、児童集会に協力してくれた子どもたちの姿でありました。本当にありがとう。月曜日の朝の時間に、これからの「学校における新しい生活様式とまなびのなべやたスタイル」について放送でお話しし、1時間目に学級ごとに指導します。私からは、どんなふうにしたら学校生活を楽しくできるか、ぜひアイディアを考えてほしいというお願いをする予定です。第2回なべっ子児童集会どうだったでしょうか？　私も自宅で楽しく踊りました。アクロバットは腰を痛めそうでやめておきましたが。たくさんの動画・写真の提供ありがとうございました。昨日も4人のドラクエの作品が提出されました。この間、47人もの子どもたちから作品が届きました。想いの感じられる作品ばかりで、これも休業中の大事な学びになりました。ご協力いただいた保護者の皆様にも心より感謝申し上げます。

先生たちの関心事は…。

笑点、お仏壇の太田屋、綿半ホームエイドリントに並んでいたのは、主にコマーシャルソングの楽譜でした。担当の清水敦子先生は「これならみんな一度は聞いたことがあるので、一人でも練習できると思う」。算数では、答えに至る計算式の一部をあえて書き込む先生もいました。休校中、先生たちは「一人でも学んでいけるように」とプリントにその工夫を盛り込みました。

これにはいくつかの事情がありました。デジタル環境が整っている家庭ばかりではなく、紙に頼らざるを得なかったこと。そして、家族のサポートの有無を含む子どもの学習環境や、一人で勉強することへの本人の意思・能力には差異があり、そこをできるだけ埋める工夫が必要だったことです。

学校は先生たちが演じる英会話の様子をユーチューブで配信するなど、デジタル環境が整っている家庭向けの教材も提供していました。分かりやすさと親しみやすさは当然、紙を凌駕しています。デジタル全盛の時代。本当はこれがスタンダードになるべきだよなと思っていると、ある先生が言いました。「この動画を見なきゃいけない、という雰囲気を作ってはだめ。公立小学校なので、学校の都合でインフラ面を親に合わせてもらうのは違う」。苦しい状況の子たちをどう支えるか――。先生たちの工夫や関心は最終的にはここに向いていました。

（川見）

6月

リモート児童総会

新しい学びへの挑戦

学校再開にあたって一番悩ましかったのは、日課の組み方でした。再度の休校に備えて、子どもたちに自学自習の習慣をつけさせることはもとより、休み時間の「密」を回避しつつ、手洗いの時間を確保すること。さらには放課後に机や椅子などを消毒液で拭く「環境消毒」の時間を確保することなど、様々な新型コロナ対策を徹底する必要があったからです。

そこで、授業の一コマを従来の45分から35分に短縮し、その分を「なべっ子学習タイム」という新たに設けた時間に充てることにしました。下校前に帰宅後の学習計画をプランニングし、その計画に沿って家庭学習の内容を先取りして一人で学び進める時間です（この時間は全職員が児童への個別支援にあたります）。45分授業に馴染んできた先生方にとってはコペルニクス的な転換でしたが、私には別の狙いもありました。すべてを教え込み、教科書の内容を終わらせる。そんな旧来型の授業観の転換を促し、子どもたちが主体的に学ぶ授業にデザインし直す――。そんな挑戦を先生たちに促したいとかねがね思ってきました。

変化の速度が速く、正解のない問いが続く現代。主体的に学び、自分なりの答えにたどり着こうとする姿勢を子どもたちには身に付けてほしいと考えていたからです。そんな中、コロナ禍が起き、学びの転換を進めなければならない事態が図らずもやってきました。時代を見据え、今こそ進めるべきと考えることに取り組む。35分授業の導入には、そんな狙いもあったのです。

（田川）

6月1日(月)「やっと全員がそろいました〜学校再開初日〜」

約2ヶ月ぶりに全校児童が登校しました。給食も品数を減らして提供していただきました。1年生は、やっと4月の半分くらいが過ぎたところでしょうか? 今週4日までは、慣らし運転で午後2時には下校になりますが、5日からは、新しい日課・新しい勉強のしかた、新しい生活のしかたで過ごしていくことになります。朝、水野先生から話のあった「思いやりの距離」。小学生にはなかなか難しいところもありますが、だんだん慣れて〈あたりまえの日常〉になっていくといいと思います。

6月2日(火)「35分授業どうですか?」

今日子どもたちに、担任の先生を通して、または私が直接「35分授業はどうですか?」という質問をぶつけてみました。肯定的な意見は高学年を中心に「集中できる」「あっという間に過ぎる」「ポイントがつかみやすい」など。否定的な意見は「全部終わるか心配」「家庭学習が大変」。両方とも納得できる回答でした。もう少したって軌道に乗った頃、もう一度同じ質問をしてみたいと思います。第2回なべっ子児童集会の写真や動画がたくさん集まってきました。昇降口には現在、80人あまりのＷＡができあがっています。ご協力本当にありがとうございました。もしかしたら、このあとちょっとしたサプライズが待っているかもしれません。

6月3日（水）「6年生の小学校最後の1年を輝かせるために」

「この6年生の小学校生活最後の1年を輝かせてやりたい」。そう強く思っています。6年生が味わう学校行事がほとんどいつも通りできないかもしれない、みんなで一緒に創り上げる経験や全校を動かして協力して物事を成し遂げる経験など大切なまなびの時間が失われてしまうかもしれません。しかし、そんな状況でも持っている知識と経験をフルに使いながら、仲間を信じることさえできればきっと新たな何かが生まれると信じています。その皮切りは、15日に予定している「リモート児童総会」です。4年生以上が各教室から参加する、テレビ会議による児童総会は初挑戦となります。そのやり方以上に大切なのは、児童会役員が提案する活動計画の中身です。逆境の中で児童会活動にどんな工夫ができるか、どんなアイディアが出せるか、6年生の腕の見せ所です。3月の卒業式に、この仲間と共に闘った、一緒に頑張ったと心から思えるような10ヶ月にしましょう。

6月4日（木）「自立した学習者の育成」

今日、2時休みに児童会役員の子どもたちと児童会の活動計画について話しました。新しい学校生活にあったアイディアをそれぞれがよく考えてきていました。「自立した学習者」（本校の今年度重点目標）を育てるには，児童会活動がかかせません。今年の児童会が残してくれる足跡は、これからの鍋屋田小学校の歴史にとって大きなものになることでしょう。「どんな苦境の中でも，できることはある、楽しむことはできる」。それを証明してほしいと思っています。

6月5日（金）「今夜はストロベリームーンです」

全校児童が登校するようになって1週間。久しぶりの学校と新しい日課に慣れるのに子どもたちは疲れたのではないでしょうか。今日も真夏日で暑さがこたえました。それでも元気な子どもたちの声が響く、学校らしさを感じた1週間でした。来週から「読書旬間」です。新たな取り組みが始まります。その中で、おしゃべりができなくてちょっぴりさみしい給食の時間の潤いにと、先生方が連学年ごと「おすすめ本の紹介や読み聞かせ」の動画を撮りました。来週から少しずつお昼の時間に放送する予定です。

6月8日（月）「第1回あおぎり会&初めてのなべっ子学習タイム」

今日、4年生以上は第1回あおぎり会（児童会）がありました。すべて回ってみましたが、ボランティア委員会は掲示板の前で、放送委員会は放送室で、環境委員会はごみステーションで、代表委員会は昇降口で、図書委員会は図書館で、というふうに現場に行って「いつもと違う委員会活動」をどのようにやればいいかを6年生がレクチャーしていました。6年生のリーダーシップが光る第1回あおぎり会でした。また今日は初めての「なべっ子学習タイム」。各クラスを回ってみました。プランニングあり、宿題あり、読書あり、個別指導ありとまさに「自学自習」の時間でした。研究主任の渡辺先生から提案があって「35分授業」「なべっ子学習タイム」の工夫や事例を共有することになりました。互いに知恵を出し合ってみんなで「自立した学習者」を育てていきましょう。

6月9日（火）「セントラルスクゥエアリニューアルオープン」

最近セントラルスクゥエアが、公園としてリニューアルオープンしました。先週は4年生が、今日は3年生が「総合」や「社会科」の学習をかねて出かけてきました。噴水もあって真夏日の憩いの場所になっています。噴水とふわふわドームは子どもたちに大人気で、学校で行ったときもびしょ濡れになって歓声を上げていたそうです。放課後も、友だちと誘い合って遊びに出かける姿がたくさん見られます。4年生は総合的な学習で、コロナ禍とイトーヨーカドーの閉店で打撃の大きい地元・権堂を元気づけようと思案中です。昨年の6年生が2年間かけて学習した「おにぎりづくり」のように、学校を飛び出して、地域のために生きた学習をしてほしいと願います。

6月11日（木）「保護者の皆様による環境消毒ありがとうございました」

昨日の第1回PTA評議員会で、厚生部の事業として「毎週木曜日の環境消毒」を位置づけていただきました。早速本日、6年生の保護者の方から順番に10人ずつ、夕方学校にお出でいただき、校内を消毒していただきました。木曜日は連学年会の日でその時間が十分確保できることは私たちにとっては大変助かります。本当にありがとうございました。これからもよろしくお願い致します。

6月12日（金）「家に帰ってすぐに勉強する習慣！」

高学年の「なべっ子学習タイム」の様子を見て回りました。どのクラスも漢字練習、計算ドリル、授業の課題など取り組んでいる内容はそれぞれでしたが、一人になって黙々と学ぶ姿があって感心しました。自ら学ぶ姿に近づいてきています。5年生何人かのノートに書かれた「家庭学習プラン」を見せてもらいました。先生に言われなくても、慣れた様子で今日の学習の予定を立てる（プランニング！）子が何人もいました。感心したのは、見せてもらった5人とも「うちへ帰ってからすぐに家庭学習を始めて夕食前には終える」予定を立てていたことです。これは素晴らしいと思いました。ぜひ続けて下さい。

6月15日（月）「リモート児童総会大成功！」

本日、リモートによる第1回児童総会が行われました。ふだんとは違う児童総会でしたが、6年生役員の子どもたちは実に堂々とやってのけてくれました。それぞれの委員会の活動計画も「新しい鍋屋田小学校をつくろう」のスローガンのとおり、3密を避けた上でできることを一生懸命考えてくれていました。4年生、5年生も教室のパソコンの前で、意見や質問をたくさん発表してくれました。令和2年度鍋屋田小学校児童会の底力を見た気がしました。

6月18日(木)「この状況でもできること、できる方法を考える」

新しい学校生活が始まって3週間が終わろうとしています。子どもたちは、手洗いをこまめにしたり、図書館のソーシャルディスタンスを守ったり、静かに給食を食べたり、新しい生活様式の中で工夫して楽しみながら毎日の生活を送っています。15日に見事にリモート児童総会を成功させた6年生は、できなかった「1年生を迎える会」をどんなカタチなら、どんなやり方なら「歓迎の気持ち」を伝えられるか、考え始めています。私たち教員も今悩んでいるのは「これからの行事のあり方」です。運動会をどのようにやるか、音楽会はできるのか、来年2月に延期した6年生の東京社会見学は行けるのか、考えなければならないことは山積みです。「できることをできる方法でやっていく」。これが鍋屋田小の基本的なスタンスです。運動会や音楽会のやり方については、6年生の子どもたちに意見を聞いてもいいいと思っています。東京に行くことが今一番難しいかな、とも思います。中止は簡単ですが、できるかぎり代わりの案を考えていきたいと思います。こうした行事は、授業での学び以上に子どもたちを成長させます。そのチャンスを失わせないよう、知恵を絞っていきたいと思います。

6月22日（月）「初めての〝授業参観週間〟の試み〜3密を避けて〜」

初めての試み「授業参観週間」が今週から始まりました。保護者の皆様に、一日最大6人ずつに分かれて2時間目の授業を参観していただきます。今週は低学年、来週は高学年です。あわせて今週は高学年、来週は低学年の「学年懇談会」を別々の日に体育館で実施します。参観日と学級懇談会の3密を避けながら、子どもたちの様子を見ていただき、新しい学校の教育活動について知っていただけるよう考えました。さらに、「授業参観週間」とすることで、参観日のような「よそ行き」の授業ではなく、ふだんの授業の様子を見ていただける良さもあります。兄弟姉妹のいらっしゃる保護者の皆様には、何度も学校にお出でいただくことになり誠に恐縮ですが、ご理解いただきたいと思います。先週末には、長野市内で久しぶりのコロナ感染者が出ました。気をつけていきたいものです。

6月25日（木）「『昼も権堂、夜も権堂』～4年総合学習～」

きのう、4年生の「総合的な学習」で、権堂区長の柄澤洋一さん、再開発推進協議会会長の渡辺晃司さんのお二人をお招きして「権堂の現状」について話していただきました。柄澤さんのお話の中で出てきた、かつての権堂の様子を象徴する言葉「昼も権堂、夜も権堂」が印象に残りました。かつての賑わいを取り戻す一助になる活動を、4年生の子どもたちはどのように生み出していくのでしょうか。授業の中でも、子どもたちからたくさんのアイディアが出され、お二人からも「頑張って下さい」と励ましのことばをいただきました。地域と共に学ぶこれからの4年生の総合的な学習が楽しみです。

6月26日（金）「今年大切にしていきたいこと」

先生方とも共有し、保護者懇談会でもお話ししている「今年大切にしていきたいこと」が3つあります。第1に、これまで本校が大事にしてきた「つながり」を工夫してどう創るか、第2に、6年生の小学校生活最後の1年間をどう輝かせるか、第3に、1年生にどのようにして「鍋屋田小学校の1年生」になってもらえるか、です。7月15日に児童会が「なかよし集会」(中止になった「1年生を迎える会」の代替イベント)を計画してくれました。読書旬間でも、6年生が1年生に本の読み聞かせをする「ペア読み聞かせ」の代わりに、姉妹学級のペアの相手に、お薦めの本を紹介する「読書郵便」を企画し、姉妹学級同士の繋がりを深めてくれました。また例年であれば、6年生が掃除の仕方を1年生に教えながら仲良くなっていく時期ですが、今年は、高学年と低学年の清掃の時間帯を分けてあるため、2年生がその役割を務めてくれています。5、6年生は、来週30日から運動会(10月)&表参道芸術音楽祭(9月)での発表に向けて「WAになっておどろう」と「パプリカ」の練習をスタートします。組体操に代わる表現学習になります。指導は、近所にある白鳥バレエ学園の塚田まゆり先生にお願いしました。今年予定されている東京五輪(もしできるなら)へのエールになればいいなあと考えています。

鍋屋田小の1年生に「なる」

授業が再開した6月初旬。1年生の教室を見に行くと、「おや？」と思う状況に出くわしました。「〇〇ちゃん、カバンが飛び出てるよ」「時計の針がここに来たら、みんなは席に座ってないといけないんだよ」。担任の安藤幸彦先生が注意を連発しているのです。思えば1年生は入学直後から休校続き。小学生としての基本的な振る舞いがまだ身に付いておらず、安藤先生曰く「通常、4月に起きることが、いま起きています。幼稚園・保育園に通っていたころから時間もたっていて、登校することのハードルが、例年より高い気がします」。

遅れていたのはこれだけではありません。鍋屋田小は例年、全学年で構成する「縦割り班」を設定。上級生と密に交流することで、少し先の将来像を思い描きやすくするとともに、鍋屋田小の一員としても徐々に馴染んでもらってきていました。しかし、6月時点では学年を超えてリアルに集まるのは「ご法度」。どうしたら「鍋屋田小の1年生」になってもらえるかが、一つの課題でした。

そこで工夫が始まります。一つが教室のテレビを使った児童会企画の「なかよし集会」。6年生が1年生から好きなことなどを聴き取って校内放送で紹介し、集まることなく、学校の一員として迎え入れる機会を設けました。具体的な企画は子どもたちで議論。自宅で同時にパプリカを踊った4月の児童集会以降、子どもたちは行事の工夫に積極的で、それは年間を通して続きます。そんな機運の広がりからか、3学期には1年生が自発的に学校行事を提案する動きもありました。

鍋屋田小は子どもが自ら学びに向かう姿勢を重視してきました。登校期間が短いなどのマイナス面は大きくありました。ただ2020年度の1年生は、最終的には例年以上に、「なべっ子」らしく育つ環境にいたのかもしれません。

（川見）

7月

4年総合「権堂インタビュー」

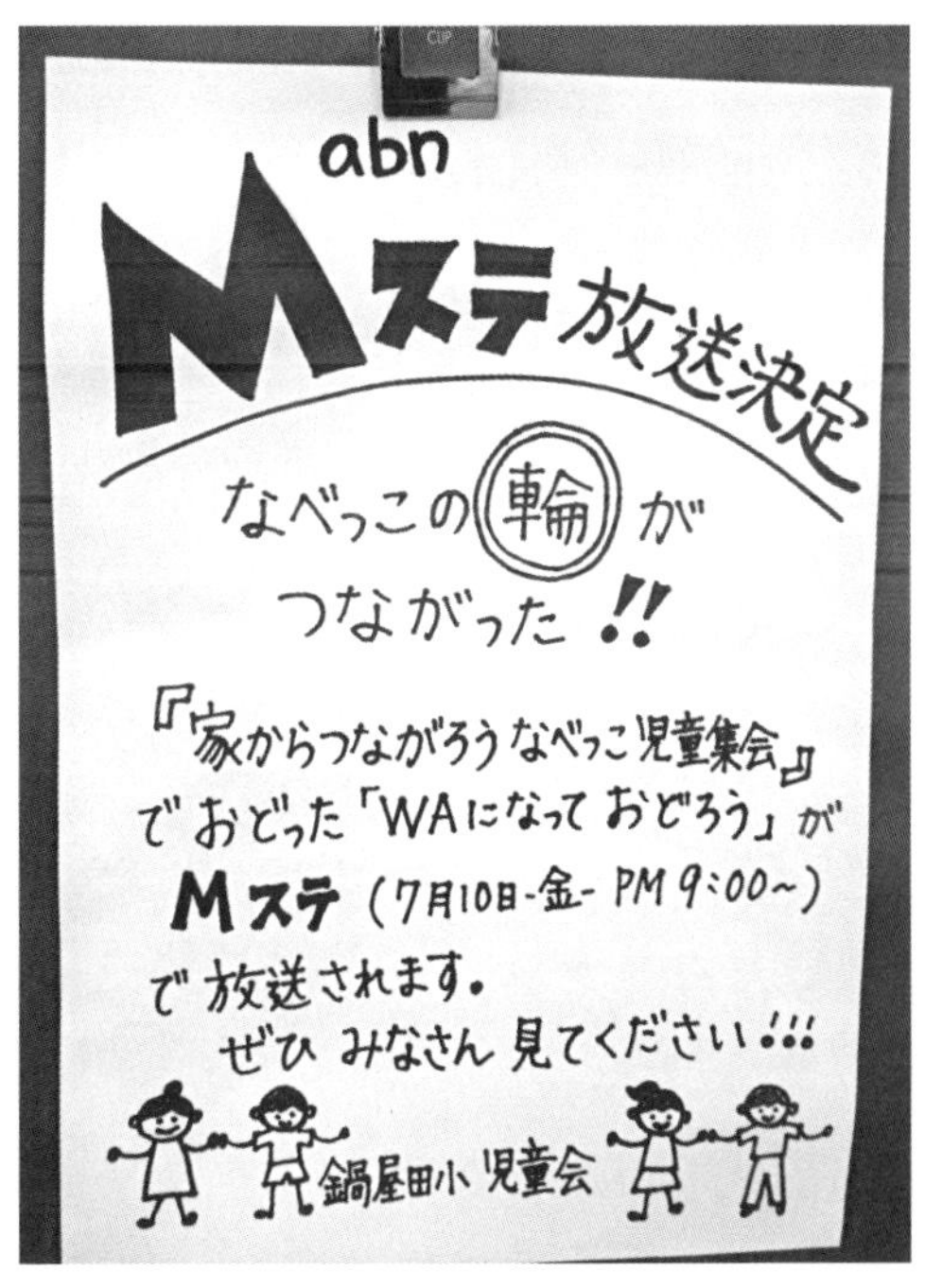

ミュージックステーションチラシ

通知表の意義

2ヶ月しかなかった1学期。夏休みを前にした先生たちの最大の関心事は、通知表をどうするか、でした。

渡すのが当たり前と思われがちですが、実は渡すか渡さないか、渡す場合、どう書くかなどの運用は、各校に任されています。教務会や連学年会で何度も話し合った結論は「1学期は通知表を渡さない、その代わりに夏休みに全家庭と懇談の時間を持ち、子どもの作品やテストの結果などを見せながら、学びの成果やどう学んできたのかを伝える」というものでした。この議論を通して私たちは、学習評価のあり方と正面から向き合うことになりました。

通知表作成の作業に追われて、子どもたちの学びをどう改善していくかという、ごく日常的なことすら考える余裕がない。本当に理解しているか、心から前向きに学んでいるか、といった点を大事に評価すべきなのに、発言の回数やノートの出来栄え、テストの点数などその時々の外形的な成果ばかりについ目が行ってしまう。子どもや保護者の側は、「◎」「○」「△」の数など結論的な部分ばかりに目が行き、どんな力が「△」で、その克服にはどんな勉強が必要なのかといった、本来の活用をしていないのではないか…。こうした従来の評価と通知表が抱える課題への解の一つが、紙という形によらず、丁寧に説明するというやり方でした。以前よりも詳しく、それも面と向かって保護者に伝えることになるため、先生たちは子どもの様子により目を凝らし、より良い学びに向けてこれまで以上に模索するようになりました（従来のやり方の方がむしろ楽だという先生もいました）。

保護者や児童からは賛否両論ありましたが、休校で生じた時間の欠落が、授業のあり方と評価を見直し、子どもとの向き合い方を変えるきっかけになりました。成績を伝えるとともに、学習方法の改善や、教師の教え方の見直しにもつなげるという、評価の本質には近づけた気がしています。

（田川）

7月6日（月）「豊かな夢を見つけよう」

北校舎裏の竹を使って、1、2年生が「七夕飾り」を廊下に飾ってくれました。短冊には「○○になりたい」などの将来の夢のほかに「コロナが収まりますように」という今年ならではのものもありました。日本FP（ファイナンシャルプランナー）協会が毎年発表している「小学生の将来なりたい職業ランキングトップ10」の2019年度版では、男子が（1）サッカー選手（2）野球選手（3）医師、女子は（1）看護師（2）獣医（3）保育士でした。教師は女子の6位、ゲーム制作関連、パティシエなど今どきのものも上位に登場します。私は、小さいころからあこがれの気持ちを持つことや、たくさんの豊かな夢を抱くことが大切だと思います。豊かな夢とは、それを実現することが誰かの幸せにつながったり、よりよい社会をつくることに貢献したりすることです。夢を実現するとは、その仕事に就くことだけではありません。職業に就くこと以外にも夢を実現する方法はたくさんあります。だから「夢」は変わってもいいし、いくつあってもいいのです。七夕飾りに「赤ちゃんが無事産まれますように」「マスクをはずして生活できますように」「世界が平和になりますように」などと書いている子どもをすてきだなと思うのです。3日の職員研修で、北信教育事務所学校教育課指導主事　眞島紀章先生においでいただき「算数科における見方・考え方、板書を窓口にした授業のＵＤ化」について、具体的な授業場面を通して教えていただきました。本日も重点研究会が計画されていますが、互いに授業を開きながら日常の授業改善を進めたいものです。授業を通して、繰り返し「見方、考え方を働かせる」ことのできる子どもたち（蓄積した方法知を活用する力）を育てることが、コロナ禍で「自学自習力」を育成することにつながるのだと思います。

7月7日（火）「何ができるようになったか」

今週から「家庭学習がんばろう旬間」が始まりました。3年1組の教室に掲示してある「よく見て（形、色、大きさ、長さ、高さ）、さわって、くらべて　たとえて」、それを活用して実に丁寧なホウセンカの生長記録をつけている子どもたち。まさにこれが「方法知」です。自ら発見した〈調べる方法と観察・分析の視点〉を身に付けた子どもは、その対象が何であっても、いかなる課題であっても自ら学ぶことができます。社会科の地理では、年表、地図、新聞、本、写真、絵、インターネット、インタビュー、フィールドワークなどで調べた結果を「立地条件」という考え方を使って分析するのです。授業の学びを家庭学習や自学自習につなげるには、授業の終末で「解決できたのはなぜか、どこに着目したからか、どんな考え方を使ったからか」を繰り返し意識させていくことが重要です。単元を通して「何がわかるようになったか」ではなく、「何ができるようになったか」について丁寧に評価したいものです。自学自習力を付けるには、やはり授業の質の転換が必要なのです。

7月8日(水)「学ぶ意味が納得できれば子どもはその子らしく学んでいく」

昨日、私が渡辺先生にお願いしてやらせてもらった5年生の図工「メモリアル網戸をつくろう」の学習が終わり、南校舎2階に5年生の作ったカラフルな16枚の網戸が設置されました。計6時間をかけた図工の授業での作業でしたが、ペンキ塗り、網をはる作業とも〝願いを大切に〟一生懸命取り組む姿が素晴らしかったです。感心したのは、学びの基盤となる「学級の人間関係」ができていること。お互いに尊重し合い、信頼する仲間同士だと感じていると思いました。どのペアも譲り合いながら、折り合いを付け、協力して取り組んでいて学ぶ力の高さを感じました。ある子の学習カードには「ペンキで色を塗ったり網をはったりすごく楽しかったです。2年生や4年生が喜んでくれたらいいです」とありました。同じく昨日、4年生が総合的な学習で、権堂アーケードにヒアリング調査に出かけました。「平日の日中、権堂にはどんな人たちがどんな目的で来ていて、どんなニーズを持っているか」を、通りがかりの方々にインタビューしていました。改めて感じたのは「鍋屋田の子は物怖じしない」と言うことです。断られてもめげることなく、声をかけにくい雰囲気の方にもどんどんインタビューをお願いする子どもたちに、たくましさを感じました。ある女の子が帰校後、私に話してくれました。「ああ、おもしろかった」と。

7月9日（木）「本との出逢いはその人の人生を決める」

ドラゴンクエスチョンステージ2「なべっ子ワクワク本総選挙」。応募してくれた39名78の推薦文の中からベスト15を選びました。図書館の水田先生がポップにして図書館の入口に飾ってくれました。とてもかわいい、本を手に取ってみたくなるようなポップが並んでいます。本との出会いは偶然です。あの人が「いいよ」って言ったから読んでみたとか、新聞やテレビの書評を見て読んでみたとか、本屋さんや図書館で何気なく手にとって読んでみたとか、様々の出会いがあります。そうやって出逢った本がその人の一生を決めることもあるのです。私が社会科の教師という仕事を選んだきっかけになったのは、高校生の頃、妹尾河童さんの「河童が覗いたインド」を読んだことでした。インドに行ってみたくなったし、旅というものはこういうふうにするんだと強く影響を受けました。小学生のうちに好奇心を持って本の世界に飛び込んでみて下さい。ステキな出逢いが待っています。雨が降り続いているせいもあって、ドラクエステージ3の挑戦者が毎日校長室を訪れます。アルゴやハノイの塔、お手玉やあやとりを交替でやっていきました。その他にも、五目並べにはまって私への挑戦に訪れる6年生や4年生もいて校長室は連日大賑わいです。

7月10日（金）「ビッグニュースです！」

休業中の5月29日に「家からつながろう　第2回なべっ子児童集会」が行われました。テレビ朝日「ミュージックステーション」で企画されたジャニーズプロジェクト「WAになっておどろう」を見ながら、みんなで同じ時間にダンスを踊ろう！と児童会長が提案してくれた企画です。なんと！　そのとき集めていただいた動画や写真を中心に、鍋屋田小学校の取り組みが、本日午後9時からテレビ朝日「ミュージックステーション」で紹介されます。本校の取材を続けているabnの川見さんが、テレビ朝日につないでくれて実現しました。このプロジェクトの最終回ということで、視聴者の投稿動画が中心になるようです。おそらくその中の一つなので、短い時間の紹介だと思いますが、鍋屋田小の全景写真や児童会長I・Yくんのインタビューも登場します。ぜひご覧下さい。

7月13日（月）「ダンスのWAつながったね！」

10日のミュージックステーションで「第2回家からつながろう　なべっ子児童集会」が紹介されました。実現までの経緯をふりかえってみると「偶然の繋がりの連続」でした。まず、3月の長野市子ども議会でI・Yくんが「東京2020を応援するために、〝パプリカ〟と〝WAになっておどろう〟をぼくたち小学生がおどろう」と提案。そして休校中、I・Yくんが「家からつながろう　なべっ子児童集会」を2回企画してくれました。さらにテレビ朝日のミュージックステーションが「WAになっておどろう」プロジェクトを企画、鍋屋田小の取材を続けていたabn川見さんがテレビ朝日につないでくれたおかげで、今回の全国放送に至りました。どれか一つでもつながらなければ、今回の放送は叶わなかったわけです。そう考えると改めて、人の繋がりが生む力の大きさを感じました。I・Yくんとお母さん、abnの川見さん、本多さん、テレビ朝日の山下さん、そして協力して下さったたくさんの子どもたちと保護者の皆様に深く感謝申し上げます。本校にとっては今年ならではの大変いい思い出となりました。ありがとうございました。

7月15日（水）「異年齢の関わりが育むもの」

6月に学校が再開してから、毎朝昇降口で出会う光景があります。同じ方面から来る4年生の女の子が1年生の女の子と手をつないで登校してくるのです。カッパを脱がせてあげたり、時には教室まで手を引いて連れて行ったり、自分が教室に行くのが遅れても、粘り強く優しくつきあってあげています。1年生の子も4年生を信頼しきっている様子が伝わってきます。いつもの年なら1年生は、運動会で上級生が力強い演技をしたり、リレーで走る姿を見て「すごいなあ」「かっこいいなあ」とあこがれの気持ちを持っている頃です。また、児童集会などで話す姿や、清掃に一生懸命取り組む姿を見て「あんなふうになりたいなあ」と尊敬の目で見ている頃です。さらに、清掃や給食など学校生活の仕方を優しく教えてくれる上級生と仲良くなっている頃です。上級生も1年生を「かわいいなあ」と助けてあげたくなったり、応援したい気持ちを抱いている頃です。残念ながら今年は、こうした縦のつながりが生まれにくい年になっています。そんな意味で今年の1年生はちょっとかわいそうなのです。そんな中、「1年生を迎える会」ができなかった代わりに

6年生が計画してくれた「なかよし集会」が今日催されます。仲良くなるには、上級生はまず、1年生の名前を覚えること、何が好きかを知ること、そして1年生は、学校の中のことをよく知ることがスタートです。昨日は、そのプレイベントとして、1年生と6年生が交流する時間を持ち、6年生がジェスチャーゲームなどソーシャルディスタンスに配慮した楽しい遊びを行いました。6年生にもらった手作りのプレゼントを私に「もらった〜」と嬉しそうに見せながら教室に戻る1年生の姿が印象的でした。

7月16日（木）「小さなチャレンジャー」

ドラゴンクエスチョンステージ3（7、8月）は「挑戦！今・昔の遊び」です。連日賑わう校長室で、挑戦者が多いのはお手玉とあやとりです。今年は、ハノイの塔やアルゴのチャレンジャーもたくさん来ています。百人一首を、毎日5首ずつ覚えて暗唱する2年生や、私には勝てないけど五目並べで毎日挑戦しにやってくる6年生や4年生もいます。今回の「遊び」は7種類あります。学年問わず挑戦できるけれど、かんたんにはクリアできない、知的好奇心や集中力、挑戦意欲を刺激するものばかりです。あやとりやお手玉、けん玉は、子どもたちの目と手先が道具に集中しているのがわかります。アルゴや五目並べは、子どもたちが私の目を見ながら、頭の中で駆け引きしているのが伝わってきます。百人一首は、覚えた下の句を必死で頭の中からひねり出そうとしています。私はこうした瞬間の子どもたちの表情を見るのが大好きです。その子らしさが垣間見えてとても楽しいひとときです。

7月17日（金）「もう一度気を引き締めて」

昨日の東京の新規感染者数286人は過去最多だそうです。長野市でも感染者が出ました。第2波がやってきているような気がします。学校再開後1ヶ月半が過ぎて、正直なところ本校でも感染防止対策が緩んできています。特に図書館や保健室での密集に心配の声も上がっています。来週臨時で教務会を行い、手洗い、マスク着用、検温と健康観察、ソーシャルディスタンスなどガイドラインに沿って学校生活を見直し、子どもたちに指導しながらもう一度気を引き締めたいと思います。学校ホームページの緊急情報の欄に7月13日にアップした「学校再開ガイドライン改訂版」では、主として校内で感染者または濃厚接触者が発生した場合等の対応の部分を加筆しました。その場合には、学校に保健所の調査が入ります。十分な感染防止策をとっていたと言えるような学校でなければなりません。保護者の皆様にも目を通していただきご理解をお願いします。

7月27日（月）「希望の炎」

新型コロナウイルスの影響で、来夏に延期された東京五輪。開会式の1年前となった、23日に東京国立競技場で記念イベントが行われ、白血病からの復帰を目指す競泳の池江璃花子さんが、自らの境遇を重ねながら世界に向けてメッセージを発信しました。池江選手は２０２４年のパリ五輪を目指し5月から本格的な練習を再開しています。世界のアスリートたちも様々な制約がある中で練習を続けています。「希望が遠くに輝いているからこそ、どんなに辛くても前を向いて頑張れる。私の場合、もう一度プールに戻りたい、その一心で辛い治療を乗り越えることができました」。無観客のフィールドの中央で一人、池江さんは願いを込めて言いました。「1年後の今日、この場所で希望の炎が輝いていてほしい」。今とても身にしみるメッセージでした。

7月30日（木）「1学期終了、温かなお支えに感謝です」

本日で47日間の短い1学期が終わります。異例ずくめの47日間、やりたいことも思いっきりできず、楽しみにしていた学校行事もなくなってしまいましたが、子どもたちは本当によく頑張りました。そして、休業中の家庭学習や環境消毒のお手伝いなど保護者の皆様に本当に支えていただきました。ありがとうございました。短い夏休みですが、健康・安全で楽しい夏休みとなりますようお祈りしています。

7月31日（金）「自分たちの思い出は自分たちで創り上げる」

昨日、石井先生にお願いして、6年生児童会役員9人と懇談の時間を持たせてもらいました。伝えた内容は「児童会役員の力を合わせて、新しい生活様式の下での運動会、音楽会の提案をしてください」でした。「この6年生ならやれる」。そう思って思い切って運動会、音楽会の企画を任せてみることにしました。作成までのプロセスは、①9人を運動会チームと音楽会チームに分け、夏休み中に各チームで原案を考える　②休み明けに教頭先生に感染防止についての注意事項を聞く　③各担当の先生に行事の考え方について相談

する　④石井先生に6年担任としての願いを聞く　⑤クラスの他の人たちの意見を聞く　⑥チームごとに原案を立てる　⑦原案について担当の成田先生、清水先生と相談する　⑧8月31日の職員会で提案する、というものです。最後にこんなことを伝えました。「あなたたちの提案がすべて形になるかどうかはわかりません。最後は先生方が判断します。しかし、自分たちの思い出は自分たちで創り上げる、それが児童会活動であり、自立した学習者の姿です。『みんなと話ができる、みんなと何か一つの目標に向かって力を合わせられる、その瞬間の大切さ、みんなと会える日々の大切さ』を知るあなたたちが、今年しか感じることのできないやりきった充実感を得ることができれば、それはみなさんの大きな成長につながり、最高の思い出になるでしょう」。さて6年生はどんな提案をしてくれるでしょうか？　楽しみになってきました。

自学を巡る理想と現実

6月の授業再開から1か月。授業時間を従来の45分から35分に縮め、「なべっ子学習タイム」という自学の時間を設ける取り組みに、関係する人たちはそれぞれ、「もやもや」を抱えていました。

まず児童。「時間が短い分、集中しやすくなった」という声がある一方、「もっと教えてほしい」という意見もありました。勉強が難しくなってくる高学年や、学ぶことに前向きな子ほど、不満が大きかったと思います。自学の時間も、帰宅後に取り組む家庭学習の内容を考えるのが趣旨の一つでしたが、出された宿題を済ませることだけに時間を使ってしまい、帰宅後はむしろ勉強をしなくなるという状況に陥っている子も、少なからずいました。

これを危ぶんでいたのが保護者です。中でも自学が苦手な子や、共働きだったり、ひとり親だったりして子どもの学習指導に時間を割くのが難しい家庭は危機感が強く、ある高学年のお母さんは「宿題は何とかやれても、その先の探究はそもそも探究の仕方が分かっていないので、そこで止まってしまう。小学生に自学は無理」とこぼしていました。

では先生はどうだったかというと、明らかに困っている人もいました。授業には「課題を提示する→各自で考える→各自の解を共有し、学びあう→正解を提示し、分かったことをまとめる→各自で学習を振り返る」という基本的な流れがあります。これは45分という時間とセットで教師の「体内時計」に組み込まれており、どこをどう整理縮小するかがそもそも難しい。さらに2020年度は新学習指導要領が始まった年で「主体的・対話的で深い学び」が求められました。しかし、コロナ禍で「対話」のハードルは高く、経験したことのない制約の中で、新時代の学力を伸ばしていくという「二兎」を追うことが求められていました。

2学期以降、多くの人はそれぞれの工夫で課題を乗り越えてはいきますが、7月はまだ暗中模索の初期段階。再び休校になるかもしれないコロナ禍だからこそ自学力。先の見えない複雑化した社会だからこそ自学力。そんな趣旨と必要性は誰もが理解していたものの、理想と現実のはざまで揺れていました。

（川見）

8月

5・6年キャンプファイヤー（校外学習）

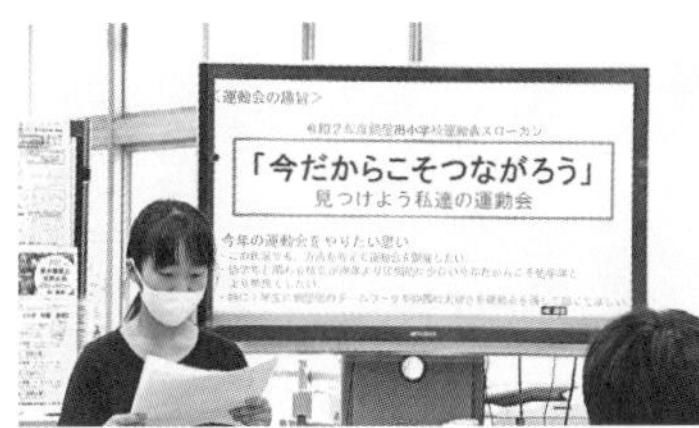

職員会で運動会・音楽会プレゼンテーション

「100を0にはしない」

今年は、コロナ感染防止のため例年通りできないことがたくさんありました。特に大きな制約を受けたのが、夏の校外学習。鍋屋田小は例年7月に5、6年生が宿泊を伴う校外学習に出かけてきました。一年交代で山と海に行き、2年間で両方の体験をするのが特徴です。

しかし、2020年は感染防止の観点から宿泊が難しく、8月に戸隠・飯綱方面に日帰りで出かけることにしました。ただ時間的な制約などから、キャンプファイヤーや飯盒炊爨といった、異学年が協力して創り上げる活動は当初、難しいと思われました。それでも先生たちは「できるだけ例年に近い形の経験をさせてやりたい」と考え、夕方、学校に帰ってから校庭でキャンプファイヤーを行うことにしました。

本番では、途中で放送機器が故障するハプニングがありましたが、係の子どもたちが大きな声で進行したほか、音楽を流せない中でも「みんなで歌おう」と声をかけあってダンスを踊るなど、臨機応変な対応を見せてくれました。異学年が共に活動することで、上級生はいいところを見せようと頑張り、下級生は上級生の姿に刺激を受けるものです。そんな様子が垣間見え、鍋屋田小が大切にしてきた「異学年縦割り活動」の良さが表れたシーンでした。

鍋屋田小は「100を0にはしない」を合言葉に、中止ではなく、やれる方法を探すスタンスを貫いてきました。職員も児童も、何か壁にぶつかっても「どうやったらできるだろうか」と考える姿勢が身についてきたような気がします。

（田川）

8月3日（月）「通知表って何？」

31日から保護者懇談会が始まっています。本校では今年、1学期末の通知表をお渡ししませんでした。一番の理由は、休校が続いて十分な評価ができるだけの材料が整っていないということでした。しかし、これをきっかけに職員で「通知表の意義」をもう一度見直してみようという議論をしています。現在、通知表の各教科の評価は「◎」「○」「△」の3段階で付けられています。通知表を受け取った保護者の皆さんの目が最初に行くのは「◎」や「△」の数で、「どんな力や内容が△なのか」にはあまり目がいっていないのではないでしょうか？　「△が付いた項目をこれからどうすればいいか」について、親子で話し合うことはあるでしょうか？　通知表をつける側から言えば、子どもに△をつけていながら、自分の指導力不足をよそに、どこか平気で通知表を渡している感覚を問い直す必要はないでしょうか？　学年末にはすべての子どものすべての項目に◎を付けてやれるように指導するのが、教師としての責務ではないでしょうか？　新しい学習指導要領の実施にあたって、評価のあり方も見直す必要があると思います。通知表のあり方を通して、学習と評価について議論を続けたいと思います。

8月5日（水）「2時間半の静寂」

サマーセミナー2日目。全く話し声もせず黙々と課題に取り組む5、6年生の姿がありました。紙をめくる音と、鉛筆の音しかしない静寂の2時間半でした。休み帳をやっている子もいますが、なべっ子ノートに予習をしている子もいます。昨日は、主に5年生の個別指導をしましたが、自分の苦手な部分をよく理解しており、「ここを教えてほしい」「ここがわからない」ということをきちんと説明できる子が多かったです。このサマーセミナーは今年で3年目になりますが、今までにないほど集中して学習していました。6月から始めた「なべっ子学習タイム」の成果と言っていいかもしれません。自学自習できる子が増えてきている手ごたえを感じました。さらに感心したのは、個別指導が終わった時、最後に会場を出ていく時に「ありがとうございました」ときちんとお礼を言える子が多かったことです。これも真の学ぶ姿でした。

8月6日（木）「子どもたちに科学のおもしろさを」

サマーセミナー最終日。4時間目に「歴史入門」と題して授業を行いました。テーマは

「想像力を豊かに」。松本城の色から、徳川家康の家臣だった石川数正と、豊臣秀吉・徳川家康との関係を歴史的に推理する導入から、歴史の学習では、「誰も見たことのない過去について、証拠（文献や史料、遺跡、建造物や絵画など）を元に想像力を働かせて考えることが大切」だということを「ちょっと変わった歴史クイズ」を通して感じてもらいました。子どもたちの豊かな発想がたくさん出されて面白い学習になりました。午後は、中部公民館主催の親子講座「サイエンスツアー」を行いました。長野高専の古川満寿夫先生による「不思議？ 科学マジック」でした。古川先生に、科学実験を通して不思議の扉を開けていただき、子どもたちは驚きの連続でした。あらためて「科学する目と心」（なぜ、どうしてと考えられる力）を持った子どもに育ってほしいと思いました。公民館（社会教育）と学校（学校教育）のコラボレーションを試行した初めての試み。岩崎館長さんはじめ中部公民館の皆様のご尽力のお陰で有意義な半日となりました。

8月8日（土）「頼もしい児童会です」

昨日、チームに分かれて運動会と音楽会の開催方法を考えてくれている児童会のリーダー2人に電話などで様子を聞きました。両チームとも予想以上に真剣に考えている様子がうかがえ大変感心しました。何に感心したかというと、音楽会チームは、開催のねらいと目標を明確に掲げ、「感染防止と音楽会実現の両立」を図る多面的なアイディアがたくさん出ていること、運動会チームは、時間構成とそれぞれの種目における感染防止の工夫を具体的にしていたこと、でした。今後、運動会チームは「Zoomを使って議論を深める」、音楽会チームは「メールや電話で話し合う」とのことでした。開催方法や内容については、チーム内での更なる議論、休み明けの教頭先生や担当の先生たちとの議論、クラスの他の人たちの意見聴取、職員会でのプレゼンとまだまだ高い壁が待っています。しかし、こうして考えたり、話し合ったりするこのプロセスこそが大切な学びなのだと思います。正直、小学校6年生がここまでやれることに非常に驚くとともに、鍋屋田小の児童会を誇りに思いました。

8月18日（火）「心の健康を大切に～2学期スタート～」

今日から2学期が始まりました。1時間目に、本当に久しぶりに体育館で全校児童が集まって始業式を行いました。全校児童が顔を合わせるのは2月以来。1年生にとっては初めての機会でした。ソーシャルディスタンスのため、各クラス2列の縦に長い整列隊形で集まりましたが、最後に1年生が入場するまで上級生たちは一言もしゃべらずに黙って待つことができました。子どもたちにも話しましたが、この雰囲気を作ったのは最初に入場し、20分近く黙って待っていた5年生です。他の学年のお手本になることができました。私からは、夏休み中に青森県で起きた差別事象を取り上げて、私たちの心の中にもある隠れた差別意識を改めて認識するとともに、不安や心配を抱えていても他者への攻撃につなげないために「心の健康」を大切にしてほしいというお話をしました。また心の健康を守るための手段として、「音楽と笑い」が大切だと伝え、以前、このブログでも紹介した2つの動画（ミュージカル「レ・ミゼラブル」の劇中歌「民衆の歌」をプロ歌手がリモートで歌う様子をまとめたものと、動物が笑う様子を集めた「Smile」と題されたもの）を見てもらいました。1年生からも笑い声が起こり、穏やかな始業式になりました。いよいよ2学期スタートです。

8月19日（水）「学ぶ心を持って」

昨日、本校に本の読み聞かせに来ていただいている丸田周子さんからお手紙をいただきました。丸田さんは児童文学を執筆されていて、「さくらはおよぐ?」という今年出版の新著を、図書館に置いてくださいと6冊届けて下さいました。子どもたち自身が、命との関わりを通して命の持つ強さに気づき、自らの生き方を問い直していく物語です。教育現場にいる者には、素直に共感できるステキなお話でした。同封されていたお手紙などには、2010年に始まった本校での読み聞かせ活動のグループ「お話の会」の原点が記されていました。「大人になってふっと思い出せるような本を読んでほしい」。新型コロナで読み聞かせは一時お休みいただいていましたが、2学期から再開するにあたって、もう一度、活動を始めた時のこの思いをメンバー全員で確認したい、そう綴られていました。「希いに近づくには、自身の求めていく気持ち『学習』が伴ってくる。……いつも学ぶ心を持って、子どもたちとともに本が読めることに感謝しながら、原点の希いに近づく努力をしましょう」。私たち教師も背筋が伸びる厳しい言葉です。「お話の会」の皆さんの素敵な読み聞かせのわけがわかったような気がしました。

8月20日（木）「子どもたちの自学力を高める」

新型コロナウイルスの感染予防や、臨時休業措置に伴う子どもたちの学習機会の保障のため、夏休み前から学習指導員1人、サマーセミナーから学習指導補助員2人、2学期からスクールサポートスタッフ2人の計5人の先生方を、新たに本校にお迎えしました。学習指導員・学習指導補助員の3名の先生方には、主として「なべっ子学習タイム」の個別支援に入っていただいています。スクールサポートスタッフの2人には、消毒作業や先生方の諸業務のお手伝いをしていただいています。ありがたいかぎりです。2学期から「なべっ子学習タイム」の時間は、こうした先生方、校長、教頭を始めとする全職員で指導する態勢を組み、支援しています。子どもたちは自分に合った場所で、それぞれの学習内容と学び方を選択し、近くにいる先生に手助けしてもらいながら、自学自習を進めています。今後も「自立した学習者の育成」を目指して参りたいと思います。

8月21日（金）「今年ならではの想い出」

きょうは5、6年生の校外学習に一緒に行ってきました。午前中は戸隠地質化石博物館と地層の見学、午後は飯綱高原の小天狗の森でアスレチック、学校に戻って校庭でキャンプファイヤーという日程でした。1泊2日で登山や飯盒炊爨などを行う高原学校のかわりのプログラムで、できるだけ例年に近い形の経験をさせてやりたいという5、6年の先生方の願いに基づいて行われました。天候にも恵まれ、小天狗の森では大座法師池を渡る高原の風が心地よい絶好の野外活動日和の一日になりました。自然の中で思いっきり遊ぶことを制限されてきた子どもたちでしたが、男女とも泥だらけになってアスレチックで遊び回る様子を見るにつけ、本来の子どもの姿を思い出しました。校庭でのキャンプファイヤーでは、放送機器が故障するハプニングがありましたが、大きな声で進行したり、「みんなで歌おう」と係の子から声がかかり、BGMなしでダンスを踊るなど、臨機応変に対応するみごとな動きを見せてくれました。両学年の連携もよく取れていて、鍋屋田小が大切にしてきた「縦割り活動」の良さを感じることができた一日でした。

8月27日（木）「ネット依存大丈夫ですか？」

昨日の信濃毎日新聞一面に「小中高生　51％ネット利用増」の見出しが躍りました。長野県と長野県教委、県内の教員や小児科医などで作る団体「子どもとメディア信州」の三者合同で実施した7万2千人対象の大規模な調査結果の報告でした。その記事によると、新型コロナウイルス感染症の影響で、SNSなどを利用する時間が増えたと回答した児童生徒が51％に上ったそうです。また、学校再開後の、ゲームや動画視聴などによる一日当たりの機器使用時間については、休日に「4時間以上利用」と答えた小学生が23％でした。子どもとメディア信州代表で、佐久市立野沢中学校長の松島恒志先生は「休校の長期化により機器使用に関わる家庭内ルールが崩れ、学年が上がるにつれて依存する児童生徒が増えている」と指摘しています。予想されたことではありますが、子どもたちのネット依存が心配になります。本校では、「メディアコントロールチャレンジ」と題して、タブレットなどのツールやソーシャルメディアにどう向き合うかの問題にも取り組んできています。昨年度から、児童会の保健委員会の子どもたちにも参加してもらって、保護者、教師、子どもの三者で討議を深め、その後学級懇談会などでも議論してきました。10月7日は、松島先生を講師にお呼びして基調講演をしていただく予定です。この取り組みは、裾野を広げていくこと、子ども自身が主体的に考える機会を作ること、継続していくことが大切だと考えています。

8月31日（月）「子ども発のまなびを〜反転学習と自由進度学習の試み〜」

28日、成田先生が4年2組で公開授業を行いました。理科「電気の働き」の単元で、乾電池の向きを変えるとモーターの回り方はどうなるかを考える学習でした。前回の授業の最後に、この問いに対するそれぞれの予想と実験方法を考えてくるようにという投げかけがあり、この日の授業では、最初から子どもたちがそれぞれの予想と実験方法を発表して、実際に実験をした上で検証した結果をグループでまとめる、という流れでした。「35分授業と家庭学習をどうつなぐか」という課題への挑戦で、いわゆる「反転授業」の試みでした。1時間目に4年1組で、同じ流れの授業を見たのですが、感心したのは両クラスともすべての子どもたちが、家庭で「予想と実験方法」をきちんと考えてきており、授業と家庭学習がうまくつながっていることでした。両クラスで子どもから出された予想が異なり、実験方法も変わるという面白い展開が見られました。この日は、福澤先生の4年2組の算数の授業も見ました。子どもが各自のペースでプリントを進める「自由進度学習」を15時間ある「わり算の筆算」の単元で進めていました。やっているプリントは子どもごとの進み具合によって異なり、友だちと2人で机を寄せ合って学習する子、1人で教科書を見ながら考える子、先生に質問する子などさまざまの学びの姿がありましたが、感心したのは全員が意欲的に取り組んでいたことでした。授業の後、校長室に遊びに来た4年生にこの授業の感想を聞いてみたところ、「とても面白いし、やる気が出る。わからないところを先生や友達に聞けるからやりやすい」とのことでした。4年1組では、国語と算数の二つの教科を合わせた「自由進度学習」も行われています。このやり方がすべてというわけではないと思いますが、共通しているのは両者とも「学びの主体が子どもである」「子ども発の学びを志向する」挑戦であることです。これからも「自立した学習者の育成」を目指して互いに学び合いたいものです。

ひと味違う夏休み

「まず何から話そうか。スローガンかな」。8月14日、児童会長の岩崎唯人くんがパソコンに語りかけました。画面には他の児童会のメンバーたち。10月の運動会に向けて、田川昌彦校長から出された「運動会の実施方法を考える」という課題を話し合うオンライン会議です。どんな狙いでこの運動会をやるのか、それを表現するスローガンはどんな文言がいいのか、具体的な感染対策は？　議論は約2時間に及びました。

横で見ていた私の正直な感想は、「じれったい…」。いくら優秀でも、そこは小学生。メンバーによって発言の頻度に差もあり、整理された形で闊達に進むわけではありません。取材で来ているのに、つい口を挟んでしまったこともありました。一方でいいなと思ったのは、オンラインで話し合おうという姿勢です。当時、世の中は複数で集まることへの抵抗感がかなり強い状況でした。リアルに集まるのは現実的ではなかったと思いますが、子どもたちも保護者の方々もあきらめたり、メールや電話のやりとりなどにとどめたりはしませんでした。社会人には徐々に浸透していて、特別に難しいことではなかったとは思います。ただ言い換えれば、新たに社会のスタンダードになりつつあることに小学生のうちから慣れていく。そんな過程を持てたのは、課題の副産物として大きかったと思います。

一方、3日後の17日。学校では「Most Likely to Succeed」という、米国の最先端の高校教育を描いた映画について、先生たちの意見交換会がありました。「人工知能が社会のあらゆる場面で活用される時代に必要な教育とは何か」を問う内容で、生徒の主体性を大きく尊重する様子が描かれていました。先生たちの賛否はそれぞれでしたが、刺激は受けた様子。コロナ禍で主体的に動くことの大切さが改めて問われる中、児童も先生も、例年とは一味違う夏休みだったようです。

（川見）

9月

セントラルスクゥエアオープニングセレモニー

学びを地域に開く

鍋屋田小学校は学区に県内随一の繁華街「権堂」を抱えています。今年になって権堂はクラスターの発生、イトーヨーカドーの閉店と地域経済にとっての大打撃が続き、閑古鳥が鳴く状況に陥りました。そこで「権堂を元気にしたい」と立ち上がったのが子どもたちでした。４年生は総合的な学習の時間に、商店街の方をお呼びして歴史や現状を聞いたり、アーケードにヒアリングに出掛けて買い物客のニーズをまとめたりといった活動を続けてきました。

９月にはそれを踏まえて、代表の子どもたちが、地元の住民自治協議会の役員会で「活性化案」をプレゼンテーションしました。「なべっ子商店」と名付けた露店を設けて自家栽培の野菜や手作りマスクなどを販売し、買い物客のニーズに応えるといったもので、実際に年度内に3度、店を出すことになります。

一方、5、6年生は長野冬季五輪の表彰式会場で、公園として再整備された「セントラルスクゥエア」のオープニングセレモニーで、ダンスを披露しました。五輪カラーのTシャツ姿で踊った彼らのパフォーマンスは、確実に地域の皆さんを元気にしてくれました。

学びの必然性は、子どもたち自身も生きる地域や社会の中にあります。学びを教室の中だけにとどめず、地域に開くことこそ、子どもたちが自ら学びを進めていく原動力となるのだと思います。実際、子どもたちからは「総合の時間が楽しみ」という声が上がります。権堂アーケードでのヒアリング調査から戻ったある4年生の女の子は、私にしみじみと言いました。「ああ、おもしろかった」と。

（田川）

9月1日（火）「児童会の挑戦」

昨日の放課後、職員会で児童会役員が運動会、音楽会の企画提案を行いました。両チームとも堂々としたプレゼンで素晴らしかったです。内容もここまでよく検討してきたなあと感心させられました。驚いたのは、8月28日に6年1組でリハーサルをやったときからさらに内容がバージョンアップしていたことです。6年生の「鍋屋田らしい学校行事への熱い思い」が胸に響きました。コロナ禍で、何が大切なのか、何を大事にするべきなのか、子どもたちに教えてもらったような気がします。子どもたちから投げてもらったボールを私たちがしっかりと受け止め、今年しかできない運動会・音楽会の実現を通して、最高の思い出を彼らの心に刻んでやらなければならないと気持ちを新たにさせられました。ブラボー6年生！　鍋屋田小の児童会を誇りに思います。

9月3日（木）「ホエールくんを海につれてって」

昨日から、ドラゴンクエスチョンステージ4「ホエールくんを海につれてって」が始まりました。ビットロボット「ホエールくん」にプログラミングを施し、示されたコースに従ってゴールまでたどり着かせるミッションで、かかった時間を競います。ホエールくんは、パソコンを使わないプログラミング教材で、初めての子どもでもわかりやすくプログラミングの考え方を学ぶことができる優れものです。２日（水）にエントリーと説明会を行いました。エントリーしたのは29チーム。各チーム１～３人で74名の参加です。１年生が7チームも参加してくれました。これから9月いっぱいの休み時間を使って、チームごとに大会を行います。優勝目指してがんばって下さい。

9月7日（月）「学校がきれいになりました」

おととい、１学期にできなかった、ＰＴＡの作業と保護者や地域の方が周辺の整備をする「親路（おやじ）の会」を行いました。約80人の保護者の皆さんが参加してくださり、校庭の草刈りやトラックのコース整備、プールサイドの草取り、校舎周辺の草取り、ホタル池や北八幡川の草刈り、各教室エアコンのフィルター清掃などを90分ほどで手際よくやっていただきました。学校があっという間にきれいによみがえりました。そのあと、臨時ＰＴＡ総会を放送により各教室で行いました。議題は昨年度から検討を続けてきた「ＰＴＡ会則改正案」の審議でした。委員会の削減などＰＴＡ組織の再編について提案があり、委任状も含め満場一致で可決されました。「一人一人の保護者が学校づくりの主体者となり、子どもたちの学びを支えるＰＴＡ活動」に焦点化した、組織や活動のスリム化を提案していただきました。コロナ禍で「新しいＰＴＡ活動」が求められています。様々なＰＴＡ活動が制限される中、大変タイムリーな提案でした。

9月8日（火）「クラブ活動再開」

1学期に実施できなかったクラブ活動を昨日から始めました。2学期中に5回（1回80分）の活動を行います。本校のクラブ活動は、すべて地域の方に講師をお願いしているため、来校の際の健康観察と検温を徹底していただくことにしました。さらに、料理クラブは子どもの人数を制限して8名のみで行います。発足したクラブは、「切り絵・絵手紙」「ものづくり」「ニュースポーツ」「生け花・お茶」「地域の歴史フィールドワーク」「自然・科学」「箏」「料理」の8つです。保護者の方、地域の方、学校応援団の方、中部公民館のサークルの皆さんなど、地域のプロが毎年工夫を凝らしてくださり、子どもたちを未知の世界に導いてくださっています。4年生以上の子どもたちが縦割りで協力して活動する大切な機会であるとともに、興味・関心や憧れを育むキャリア教育の場であると考えています。すべてのクラブの活動を見て回りましたが、どのクラブにも子どもたちの笑顔や意欲があふれ、学びに向かう空気が流れていました。

9月9日（水）「このほんよんでくれ！」

恒例の「お話の会」も2学期からのスタートとなりました。再開にあたって会のみなさんには感染防止の様々な方法を検討していただきました。いつもなら子どもたちを近くに集めて読み聞かせをして下さるのですが、今年はソーシャルディスタンスに配慮して、実物投影機でテレビに絵本を映して、自席に座ったままの児童に読み聞かせをしていただきました。読んでいただいたのは「このほんよんでくれ！」。小学校の校長講話が難しいのは、1年生と6年生がわかる話をしなければならないことです。同じように1年生から6年生まで楽しめる本を選ぶということもなかなかできるものではありません。ところがこの本は、1年生は1年生なりに、6年生はもっと深いところで楽しめる内容なのです。「読書って楽しいよ！」ということを、その学年の発達段階に応じて伝えてくれる、今年度の「お話の会」のスタートにふさわしい読み聞かせをしていただきました。ドラクエ4「ホエールくんを海につれてって」の大会が始まりました。チームは37チーム、89人の参加となりました。ホエールくんが一つの角を曲がるとそのたびに子どもたちの歓声が上がっています。昨日は、3年生の男子チームが見事6分という速さでゴールしました。子どもたちは、チームで協力しながら、失敗してまた組み直したりの試行錯誤を続けています。この「試行錯誤」が大切な学びの力になっていくのだと思います。

9月10日（木）「丸山文部科学審議官来校」

昨日、前文部科学省初等中等教育局長で、この7月に文部科学審議官になられた丸山洋司さんが本校の視察に来られました。約1時間の短い時間でしたが、全校の授業参観をされ、鍋屋田小のコロナ禍の取り組みについて私のプレゼンをご覧になりました。熱心にメモを取りながら、「休校で失われた授業時間数について、今の学習進度はどうですか？」「GIGAスクール構想が始まりますが、先生方や子どもたちの受け止めはどうでしょうか？」「保護者のみなさんのコロナに対する不安はいかがですか？」など、いくつかの質問をされました。本校の取り組みの中で「プランニングタイム」と「シャッフル道徳」に非常に関心を示され、プレゼン資料の最後にのせた、ドラクエ1「四つ葉のクローバー絵手紙」の6年生の作品を写真に撮られていました。私は、児童会役員の運動会と音楽会のプレゼン資料をお見せして自慢しました。丸山さんは文部科学省の事務方ナンバー2と称される方ですが、非常に気さくで現場の声に丁寧に耳を傾けるそのお人柄に魅力を感じました。最後に「元気をもらいました」と言って帰られたのが嬉しかったです。

9月14日（月）「さすがなべっ子、本番に強い！」

一昨日、セントラルスクゥエアのオープニングセレモニーが行われました。開会式では、学校を代表して児童会長のI・Yくんが堂々とあいさつをしました。その後のアトラクションとして、鍋屋田小学校の5、6年生と合唱団が、「パプリカ」「WAになっておどろう」（長野五輪バージョン&ジャニーズバージョン）のダンスと歌を披露しました。5、6年生は昨日のリハーサルの時よりも、そろったキレのあるダンスでした。保護者のみなさんを含め大勢の来場者の方々から万雷の拍手をいただきました。加藤市長さんや区長さんたちからも「鍋屋田の子どもたち素晴らしいね」とお褒めの言葉をいただきました。あいさつをしたI・Yくん、ダンスの紹介をしてくれたM・Yくん、K・Hくん、M・Rさんも、大きな声ではっきりと話していて素晴らしかったと思います。さすが、本番に強いなべっ子たちでした。セレモニーの様子は、マスコミ各社のお昼のニュースで放映されました。

9月16日（水）「どうなるんだろう？　私たちの権堂」

4年生の「権堂プロジェクト」が進んでいます。11月頃、旧イトーヨーカドー前広場で「なべっ子商店」と名付けた露店を開く予定です。2組は現在、その商品を作っています。防災グッズやエコバッグ、マスク、野菜など、調査の結果、ニーズの高かったものを手作りしています。お母さんたちが交替で、縫い仕事（家庭科の学習の先取り！）の支援に入って下さっており、本格的な作品ができあがりつつあります。畑では、二十日大根など野菜の栽培も進んでいて、できあがりが楽しみです。1組は現在、調査をふまえて「権堂を盛り上げる提案」を考えており、なべっ子商店の開店とともに盛り上げるイベントを行う予定です。

9月16日（木）「進路講話」

子どもたちに将来、就きたい職業について考えてもらう催し「キャリアフェス

2020」の一環で、長野高校3年北村優斗さんに「ワクワクで未来を切り拓け～人生の主人公はキミだ～！」と題して、6年生に講演をしてもらいました。6年生が書いた感想を読ませてもらいましたが、北村くんの話は確実に子どもたちの心に届いていました。彼は鍋屋田小のOBです。先輩であることも功を奏して、子どもたちは今の自分のあり方を見つめ、将来の自分について考えるきっかけとしていました。話の中心は、彼のパーソナルヒストリーでした。東京から転校してきた鍋屋田小時代、附属長野中時代、そして長野高校時代の歩みを通して「何を考え、何を感じて今の自分があるのか」ということをわかりやすい言葉で伝えてくれました。感心したのは、話の構成がよく練られていたこと、対話を織り込んで子どもたちにも考えさせていたこと、小学生にわかる言葉を吟味して使っていたこと、100枚近くのスライドを使っていましたが、時間ぴったりに終わったこと（彼の資料の作り方は私も勉強になりました）、主張が明確で一貫していることなど、スピーチとしてサービス精神にあふれた、私たち大人も学ぶところがたくさんあった講演でした。北村くん、本当にありがとう。

9月18日（金）「お母さんの請求書」

一昨日、第1回「全校対話」を行いました。私が示したテーマについて、1年生から6年生までの縦割り班で自由に話し合うもので、校長講話に替えて昨年度から始めました。6年生が司会、5年生が記録の役割を担い、回数を重ねるとだんだん上手になっていきます。先生方と地域の方を「ゲストティーチャー」として招き、全28班にはすべて大人1人が、あくまで一参加者として対話に加わります。今回は、今年度の縦割り班が結成されて初めて実際に出会う機会ということで、アイスブレイクとなるグループワーク「紙コップタワーを高く積み上げろ！」を行いました。めあては「1年生を楽しませること」。配られた100個の紙コップを協力して、いかに高く積めるかの勝負でした。優勝した班は20段を積み上げ、大きな歓声を上げていました。メインの話し合いはやってみての感想を共有し、グループの愛称を決めて終了しました。「異学年の子ども同士の関わり合い、協力する姿、高学年の子どもたちの低学年の子への優しい声がけなどステキな姿がたくさんありました」（ゲストティーチャーの感想）。この日、こちらも第1回の「全校シャッフル道徳」を行いました。全校対話とセットで昨年から始めた試みで、職員がくじ引きで授業をするクラスを決めて、道徳の授業をするというものです。私は4年2組で、家族愛をテーマに「お母さんの請求書」という授業をやらせてもらいました。35分に収めるため、子どもへの問いを一つに絞りました。また、子どもには内緒で全保護者の方に「我が子への愛情あふれるメッセージ」を手紙に書いて届けていただきました。お家の方からのサプライズの手紙を読んでいる子どもたちがなんとも言えない表情をしていました。多くの子が涙を流しながら、親から愛されている自分に改めて気づき、自分も家族の一員として役割を果たしたいと決意を新たにしている様子でした。また、放課後の職員室で、自然にお互いのクラスの子どもたちの話題で会話が生まれ、先生方が笑顔で話している雰囲気がとてもいいなあと思いました。

9月23日（水）「学びに向かう力の育成」

18日にイーストプラザで行われた第三地区の区長会で、4年生の代表が「権堂商店街の活性化案」をプレゼンしました。提案はクラスごとにあり、1組は7つを提案しました。すなわち、①あってほしいのはどんな店か　②出張販売の必要性について　③イベントの開催　④スタンプラリー　⑤福袋　⑥ガチャ　⑦権堂共通商品券の7つでした。2組は、10月31日に予定している「なべっ子商店」で販売する商品4種類（防災グッズ、エコバッグ、栽培した野菜、手作りマスク）を見せて紹介しました。私は所用で参加できませんでしたが、堂々とした発表だったそうです。区長さんたちも大変温かく聞いて下さって、最後に「一緒に権堂を盛り上げよう」と話して下さったとのことです。こうした取り組みを通して、自ら社会に参画しようとする態度を育み、学びに向かう力をつけていってほしいと思います。

9月25日（金）「学校の断捨離」

「あってもなくてもいいものは、ないほうがいいんだなあ」（相田みつを）。

ある教育誌でこの言葉を引用して書かれたステキな文章に出会いました。コロナ禍は私たちに、このことを突きつけていると感じることも多いです。例えば3月の「卒業式の練習」。例年、式当日のために何度も所作の練習をするのですが、昨年の卒業生たちはほとんど練習なしのぶっつけ本番でも、堂々と巣立っていきました。例えば、これから始まる「運動会の練習」。例年なら何時間もかけて練習しているところですが、今年は練習もコンパクト。それでも子どもたちは当日、例年と遜色ないパフォーマンスを見せてくれるでしょう。例えば「45分授業」。これを今年から35分にしましたが、教師の不要な言葉を減らす一方で、子どもの思考や表現活動の時間については保障し、教科の核心に近づくことを狙っています。例えば「研修」。これまでは時間をかけて現地に赴いていましたが、ほとんどオンラインになったことで、行き来の時間が不要となったばかりか、著名な講師が気軽に引き受けてくれるようにもなりました。なくてもいいものを思い切って捨てることで、本当に大切なものが何かを見つけることができるのかもしれません。

9月28日（月）「夢は職業ではない。生き方だと思う」

25日（金）に「キャリアフェス２０２０ in ＮＡＢＥＹＡＴＡ～10歳からのキャリア教育～」を行いました。平成29年度から始めた取り組みで今年が4年目、ＰＴＡ文化部の皆さんが中心に運営してくださるようになって3年目です。今年はコロナ対策として、各講座を2コマ設定して保護者の分散参観をお願いしました。また、東京在住の小林雄次さん（シナリオライター）にはオンラインで講義をしていただきました。「夢は職業ではない。生き方だと思う」というのが、講師の皆さんの子どもたちへの共通したメッセージでした。夢は、職業で成功する、しないで割り切れるようなものではない。それは自分らしく生きること、そのものなのだ、と。たくさんの挫折を重ね、多くの回り道をして、夢を追い求めてきた講師の皆さんだからこその言葉です。キャリア教育とは、「どんな学校に進みたいか」「どんな職業につきたいのか」という選択の問題ではなくて、「どんなふうに生きたいのか」「なんのために働くのか」という永遠の問いに向き合うことです。

9月29日（火）「学ぶことは生きること」

昨日、第2回のクラブ活動がありました。4年前から本校のクラブ活動はすべて外部講師に指導をお願いしています。「四季の絵手紙サークル」の皆さんには3年前から、作品をお借りして昇降口に展示したり、子どもたちの作品を中部公民館の作品展で展示してもらったりと、交流を続けています。「茶道サークル&こみち」の皆さんには、今年からご指導いただくことになりました。このほかにも、家庭科の被服の授業支援で「お針ちくちくクラブ」の皆さんにもご指導をいただいています。これからの時代、社会教育と学校教育はもっと、共に歩むべきではないでしょうか。公民館で学ぶ地域の皆様にとって、子どもたちの笑顔や元気は大きな「はり合い」になり得ます。一方、生涯学び続ける、学びに向かう真摯なその姿から、子どもたちはとても大切なことを学ぶはずです。代々の中部公民館長さんには「学校の空き教室でサークル活動を行いませんか？」と提案し続けています。学校で地域の皆さんが日常的に学んでいる。そんな光景が近い将来、実現するといいなあと思っています。

日常的な課題解決

「最初はむしろ失敗した方が、いい勉強にはなるんじゃないかって思ってるんですよ」。コロナ禍にあえぐ地元の繁華街「権堂」に4年生が露店を出し、活気づけるプロジェクト。2組担任の成田剛真先生は、考えている学びのカタチについてこう話しました。翌月の本番に向けて9月は地元への説明や、商品づくりに取り組んだ子どもたち。地元の歴史やニーズを把握、出店の過程を通じて学びを重ね、成功体験につなげてほしいという思いが当然、成田先生にはありました。一方で、ただ売れて「めでたし、めでたし」ではなく、世間の厳しさを味わうことで次の成長につながるならば、それもよい学びだと考えていたようです。

グローバル化、そして複雑化が著しい社会の中で、「PBL」(課題解決型学習)という学び方が話題となっています。学習者が自ら課題を見つけ、その解決法を探ることで、社会的に必要とされる力を育むものです。今回の「権堂プロジェクト」もその延長線上にあり、また4月のリモート児童集会も、集まれないという課題を前に、児童が解決策を探って実現したもの。10月に行われる運動会も、子どもたちが感染対策を考えるという点で似ています。2020年度は課題解決の方法を追求するという学びを、日常の中から繰り返していたともいえるでしょう。

一方で、成田先生が考えたような「失敗」があったかと振り返ると、目立つものは思い当たりません。もちろん先生方のサポートや、子どもたち自身の成長がミスを未然に防いだ面はあったと思います。ただ、チャレンジできるうちに失敗を経験し、それを乗り越えて成長してゆく姿というのも魅力的です。取材が足りなかっただけかもしれないと反省しつつ、そんな思いにも駆られるのは、記者の悪い癖かもしれません。

(川見)

10月

4年総合　なべっ子商店

運動会

自治の学び舎

秋晴れの10月20日、運動会が行われました。感染防止のため、観客は人数を制限したほか、場内を一方通行にして観客同士が向き合う機会も減らしました。

「騎馬戦」や「組体操」、頭上で大玉を運ぶ「大玉送り」は「密」になりやすいことから取りやめ、その代わりに「ロングしっぽ取り」という、全学年が一緒に広い場所で行う鬼ごっこや、大玉を地面に転がすことで密を避ける「大玉転がし」などを行いました。これらは児童会役員が夏休み前から考えてきたアイディアを実現したものです。私は今回の運動会を行うに当たり、児童会に「宿題」を出していました。感染対策をしながらどうやったら運動会を実施できるか。彼らに納得解を求めたのです。

行事の変更や中止が相次いだ２０２０年。それまで当たり前だったことが、当たり前ではなくなりました。言い換えれば、感染というリスクのある中、それぞれの行事を行う意味はどこにあるのか。そして、見出した意味を踏まえてやれること、やるべきこととは何か。主人公たる子どもたち自身が、自らに問い直すいい機会だと考えたのです。彼らは夏休みを使って方策を考えました。提案された運動会スローガンは「今こそつながろう、見つけよう私たちの運動会」。夏休み明けに職員向けにプレゼンテーションをしてもらったところ、人と人とのつながりを大切にする鍋屋田小で6年間を過ごした彼らしい考え方と、具体的な感染対策も理にかなっていて、私たちはほぼすべての提案を採用しました。

そして迎えた当日、多くの子どもたちは、「自分たちで創り上げた今年だけの運動会」という満足感でいっぱいでした。片付けのとき、ある4年生が私にこう話してくれました。「6年生すごいね。今年はみんなで創った運動会だった、やり切った」。２０２０年の目指す学校像「子どもが主人公の学校づくり」を体現した姿でした。「子どもの力は侮れない」。振り返ってみての正直な感想です。

（田川）

10月1日（木）「私たちの運動会を見つけよう」

昨日の3校時に、運動会の児童会種目「ロングしっぽとり」を初めて練習しました。密を避け、共有する道具を使用しないでできる、6年生の児童会運動会チームが考えてくれた新しい種目です。「つながりを大切にしたい」という児童の願いを受けて、縦割り班対抗の全校種目となりました。縦割り班28班を4グループに分け、トラック内を5、6年生がビニールのしっぽを付けて逃げ回り、4年生以下がそれを追いかけます。結構な運動量があるとともに、班ごとの作戦も重要な頭脳戦でもあり、なかなかよく考えられた競技です。全校で楽しめる競技になると思います。練習では、発案者である運動会チームの4人がルールややり方を丁寧に説明してくれました。初めてにもかかわらず、さほど混乱なく競技を進めることが出来ました。放課後、先生方も改善できる点はないか、話し合いました。「4年生もしっぽを付けたらどうか」「待機している児童のディスタンスを取った方が良いのではないか」「時間は1ゲーム30秒がいいのではないか」など、創り上げていく感じが良いなあと思いました。

10月2日（金）「丸田さんからの提案」

昨日、5年生が安曇野、松本方面に社会見学に出かけました。朝のうちは小雨が降っていましたが、その後は秋晴れの気持ちのよい一日だったと思います。5年生に、ドラクエスペシャルミッション「松本城7つのミステリー」を出題しました。現地に行って、見て、聞かないと解けない問題で松本城の魅力に気づくようになっています。5年生は何を発見してくるでしょうか。読み聞かせをして下さっているお話の会の代表、丸田周子さんからお電話をいただきました。丸田さんは学校のホームページをよく見て下さっていて、先日、私がブログに「中部公民館の代々の館長さんにはサークル活動を学校でやりませんかと言い続けている」という内容を書いたところ、お話の会の練習場所として、鍋屋田小をお借りできないか、という提案をいただきました。もちろん即決で承諾させていただきました。大歓迎です。月1回の読み聞かせのために、会のみなさんがどれだけ練習をして臨まれているか。その空気だけでも、子どもたちに感じてほしいと思います。もし可能なら、休み時間に子どもたちと遊んだり、お話をしたりと、交流していただいてもいいなあと思っています。

10月5日（月）「発想の転換」

ドラクエ4「ホエールくんを海につれてって」の大会が、2日に終わりました。37チーム90人が参加した1ヶ月にわたる戦いでした。5、6年生も参加する中、3年生のチームが他を圧倒するスピードでゴールしていますが、この3チームの共通点は、他のチームにない発想でルートを考え、プログラムをしたことにあります。「それを思いつくのか。そんなやり方があるのか」と見ていて私も驚きました。発想の勝利でした。1年生も9チームが参加し、ゴールはできませんでしたが頑張ってくれました。「またやりたい」。そう言ってくれた子もいて、嬉しく思いました。10月のドラクエ5は「音読にチャレンジ」です。たくさんの挑戦者を待っています。

10月7日（水）「中学受験をするということ」

昨日から、6年生の「受験組」と面談を始めました。本校は中学受験をする子どもが比較的多いため、例年、受験を希望する子どもたちと「なぜその学校を志願するのか？」「その学校で何をやりたいのか？」「小学校6年間で頑張ってきたこと、大事にしてきたこと」「将来の夢」「自分の長所・短所」などについて話を聞いています。あわせて、不合格の場合の覚悟も問うています。4年前、ある中高一貫校を受験した児童のお母さんから卒業式後にこんな話を聞きました。「〇〇中学を受験したいと言ったのは子どもの方からでした。私は何度も本人に『本当にやっていけるの？　6年間通う覚悟はあるの？　勉強も大変だよ』とマイナスの問いをぶつけ続けました。それでも『受験したい』と彼女が曲げなかった時点で『やってみたら』と言いました。中学生活を送るのは私ではない、本人ですから」。参ったと私は思いました。親の考えで受験をする子は、不合格の場合や入学後の生活がうまくいかなくなると、人のせいにする傾向があります。「自分で選択した。自分で決めた」という決意がしっかりしているかどうか。6年生と話しながら、覚悟を問うています。一番伝えたいことは「中学校生活はどこに進学するかで決まるわけではない」ということなのです。

10月9日（金）「コミュニケーションの難しさと素晴らしさ」

一昨日、子どもたちと保護者、職員が参加して学校保健委員会を行いました。テーマは昨年に引き続き「メディアコントロール」。講師として、佐久市立野沢中学校長で「子どもとメディア信州」代表の松島恒志先生においでいただき、「親はどうすればよいのでしょう～子どもがスマホを持ちたいとき～」と題して講演してもらった後、グループで情報交換をしました。松島先生には全県で行ったメディア接触に関わるアンケートを本校でも実施し、その結果を比較しながら、「メディア接触の課題」について、わかりやすく具体的に話をしていただきました。保護者からは「子どもの手を握ったり、だっこしたりするなどのふれあう時間を大切にしたいと思いました。人のぬくもりが大事です」「とても考えさせられました。自分の都合で不必要な情報を与えているなと思います。よく子どもと話をしたいと思います」という感想が寄せられました。6時間目には、5、6年生と保護者を対象に、「スマホやネットの使い方をふりかえってみよう」と題して講演をしていただきました。子どもたちからは「心に残ったことが2つあります。一つはブルーライトの怖さについてです。長時間スマホやパソコンを使うときには目を休ませながらまた使うなど心がけたいと思います。二つめは、人間の二面性についてです。表では優しく、裏では悪いなど二面性のある人にならないようにしたいと思いました」「自分にもいろいろ当てはまるところがあったので、これからはゲームをする時間を少なくしたいです」という声が寄せられました。子どもたちや保護者の心に刺さる講演でした。

10月12日（月）「鍋屋田小合唱団初ステージ」

10日付の信濃毎日新聞のこども新聞に、鍋屋田小児童会の取り組みが「運動会・音楽会私たちも考えた！」という見出しとともに大きく取り上げられました。記事の内容は、運動会チームのY・Mさん、音楽会チームのS・Tくんの書いた作文が中心です。「全学年を必ず笑顔にしたいです」（Y・Mさん）、「みんなの心が一つになれる音楽会にしたいです」（S・Tくん）。力強い決意で締めくくられた2人の作文は、両チームの検討の経緯や、提案にこめた願いをとてもわかりやすく伝えている、素晴らしい内容でした。新種目「ロングしっぽ取り」の練習、職員会でのプレゼンの写真が大きく紹介されたほか、子どもの権利条約にも触れた構成で、「どんな逆境でも今できることをやる」。そんな本校の挑戦をうまく伝えてくれています。4日後に迫った運動会に向けて弾みをつけてくれました。11日には、5、6年生と合唱団が、セントラルスクゥエアで行われた第三地区の子どもフェスタに出演しました。特に合唱団は、コンクールや地域のイベントが相次いで中止される中、今年度初めてのステージとなりました。歌うことが大好きな子どもたちが歌えないことほど悲しいことはありません。今日は、久しぶりに気持ちよく歌えたのではないでしょうか。このようなステージを合唱団のために用意して下さった、第三地区住民自治協議会のみなさんには感謝の一言です。

10月14日（水）「学び続ける子は崩れない」

3年1組の教室前の廊下に、びっしりと丁寧に書かれた、25冊の「なべっ子ノート」が置かれています。表紙に5冊目とか8冊目と書いてあるものもあります。開いてみると、その日にやった学習の復習や次の日の予習、都道府県名や世界の国名など4年生以上の学習内容、授業とは関係ない自分の興味関心で調べたこと、日記、避難訓練で私が出した問いの答えまで、実に多彩な学びを見ることができます。そして、それぞれのページには毎日必ず、担任の小池先生が赤ペンで書いた温かなコメントがあります。毎日着実に続けていること、自ら進んで学習していること、この学びは確実に彼らの血肉になっていると確信できます。「学び続ける子は崩れない」。私は長く中学校に勤めてきた経験があり、彼らを見てきて強く感じることです。ノートが置かれた壁には、「宝ものがふえたね」とコメントがありました。

10月15日（木）「友と学ぶ良さ」

今日は1年の学年通信（今年度の第96号）を紹介します。「算数では〝大きさくらべ〟の学習をしています。これまで長さを比べるときのいろいろな方法（①はしをそろえる②ぴんと伸ばす　③比べるところを重ねる）を考えてきました。そして昨日は『先生の机は教室から出せるのか？』という問題について考えました。子どもたちからは『実際に運んでみればいい！』という意見がすぐに出ましたが、『重いよ』というと『みんなで運べばいい！』。すると、『そんなことしなくても比べられるよ』とある子が手を広げて戸の幅を測ることを提案してくれました。『さすがにそれでは広げた手がずれてしまうから比べられない』とすぐに気づいたのですが、これがいいヒントになりました。『紙を使って印を付け、それを戸に持って行って比べる』『でも紙の長さが机の幅には足りないよ』『ならテープを使ってそこに印を付ければいい！』。みんなで意見を出し合うことで問題を解決することができました。これが友と学ぶ良さです。その後は、教室内にある物の長さをテープを使って比べました。生活科室にある段ボールの長さ、オルガンの長さ、テレビの長さなどいろいろなものを比べていました。（後略）」。学ぶ必要性がはっきりした課題に、友と協働して考え合い、体験を通して「比べる」という算数の方法知を身に付けた

1年生でした。

10月16日（金）「子どもたちとともに創り上げた運動会」

今日はいよいよ第116回運動会です。天気は何とか午前中はもってくれるのではないかと思います。今年は116回の歴史の中でも特別な運動会です。逆境の中、6年生の子どもたちが夏休み前から一生懸命考えてくれた新しい運動会のカタチです。8割方、6年生の提案を採用して行いますので、彼らの思いがぎゅっと詰まった運動会です。今週は大玉転がし、しっぽ取りなど新種目の全校練習もありました。また、連学年で表現種目の仕上げの練習もしていました。1年生も初めての運動会で覚えることがたくさんあって大変でしたが、よく頑張ってきました。今日は、限られた練習時間の中、感染防止に気を配りながら、より良いパフォーマンスを追究してきた子どもたちの輝く姿をぜひご覧下さい。

10月19日（月）「6年生ありがとう。来年は私たちが引き継ぎます」

絶好の運動会日和の16日。第116回鍋屋田小学校運動会が行われました。abnの川見さんの感想は「みんなが楽しんでいましたね」。まさにその通りの半日でした。騎馬戦や綱引きの代わりに6年生が考えてくれた「ロングしっぽ取り」。逃げる高学年も必死でしたが、追う低学年の子どもたちがとてもいい表情をしていました。これも6年生発案の「大玉転がし」。練習で負け続けていた白組の2連勝、白組応援団長M・Yくんが「絶好調！」と言いながら晴れやかな顔を見せてくれました。先生方で考えた選抜リレーに代わる「全員リレー」。全校でバトンをつないだ、児童全員がその一翼を担った、という満足感にあふれていました。来年も続けてもいいかもしれません。様々な制限の中、ペットボトルを叩いて鳴らす応援など工夫して盛り上げてくれた応援団の頑張りも例年以上でした。テーマの「いまだからこそつながろう」を一番感じたのは、5、6年生の表現「WAになっておどろう・パプリカ」でした。トラックに沿って外側を向いて、一つのWAになっておどる5、6年生と一緒に、応援席で全校の子どもたちが「パプリカ」を笑顔でおどっている姿を見たとき、コロナ禍での鍋屋田小のつながり、一体感を感じて胸にこみ上げるものがありました。片付けの時、4年生の女の子が「やりきった！」と話してくれました。5年生の作文に多く見られた言葉は「6年生ありがとう。来年は私たちが引き継ぎます！」でした。片付けにご協力いただいた保護者の皆様、温かな声援を送って下さった保護者の皆様、本当にありがとうございました。

10月20日（火）「学びの個別最適化への挑戦！」

昨日、渡辺先生の公開授業がありました。５年算数「平行四辺形の面積」の単元で、マス目に描かれた平行四辺形をすでに習った長方形や三角形に変形して、面積を求めるという課題でした。変形のしかたは「分ける」「回転させる」「ずらす」など多様に考えられます。子どもたちは、前の授業の段階で、それぞれのやり方で面積を求めてくるという課題を与えられ、家庭学習でそれをやってきます。昨日の授業は、異なる考えを出し合う交流の活動から始まりました。いわゆる反転学習です。黒板で図を使いながら説明する友だちのやり方に、自分の学習カードと比べて頷いたり、納得したりする子どもたちが学ぶ目をしていました。板に均等に打たれた釘にゴムを張って自由に図形を作れるツールを使って自ら問いを作る「発展的な学習」もありました。ここまでだけでも、十分挑戦的な試みだと思いますが、今回は、同じ展開の授業を５年１組の教室（21人）、学習室（５人）、自情障学級の教室（２人）、通級指導教室（４人）と４ヶ所で行いました。それぞれ展開や学習内容は同じなのですが、５年１組の教室以外の子どもたちには、図形を色分けしたり、はさみで切ったり、折ったりする方法を提示してありました。また、学習カードが穴埋め方式になっていて、ＵＤ化された支援が行われていました。５人の先生方が、32人の５年生の授業に関わるとても恵まれた学習環境で、まさに「学びの個別最適化」の試みでした。

10月21日（水）「心はすでに音楽会へ」

今年は2学期に行事が集中しています。子どもたちは、運動会と並行して音楽会の練習も重ねてきました。運動会が終わり、休み時間も音楽室に行って楽器の練習を自主的にしている子たちも増えてきました。４年生は「ともだちになるために」という合唱曲に手話を付けて演奏するということで、昨日の６時間目に、長野市ボランティアセンターに依頼して来ていただいた４人の講師のみなさんに手話を教えていただきました。子どもたちは、グループごとに分かれて歌を歌いながら、手話の振り付けを熱心に練習していました。大成功だった運動会から気持ちを切り替えて、子どもたちの心はすでに音楽会に向かっています。ドラクエ５の「音読にチャレンジ」もしばらく途絶えていましたが、運動会が終わった途端、チャレンジにやってくる子どもたちが増えました。昨日は、６人の児童がやってきました。なかでも驚いたのは、２度目の挑戦にやってきた3年生の女の子。前回もとても素晴らしい音読で最高点を付けたのですが、それ以上にバージョンアップし

料金受取人払郵便

長野東局
承認

592

差出有効期間
令和7年8月
31日まで
(切手をはらずにご投函下さい。)

郵便はがき

3 8 1-8 7 9 0

長野県長野市
柳原 2133-5

ほおずき書籍㈱行

郵便番号 □□□-□□□□

ご住所 都道府県 郡市区

電話番号 (　　　) ー

フリガナ お名前	年齢 歳	性別 男・女

ご職業

メールアドレス

新刊案内メール配信を
□希望する　□しない

▷お客様の個人情報を保護するため、以下の項目にお答えください。

○このハガキを著者に公開してもよい➡(はい・いいえ・名前をふせてならよい)

○感想文を小社 web サイト・パンフレット等に公開してもよい ➡(はい・いいえ)　※匿名で公開されます

愛読者カード

タイトル	
購入書店名	

●ご購読ありがとうございました。
本書についてのご意見・ご感想をお聞かせ下さい。

●この本の評価　悪い ☆1 ☆2 ☆3 ☆4 ☆5 良い

●「こんな本があったらいいな」というアイディアや、ご自身の出版計画がありましたらお聞かせ下さい。

●本書を知ったきっかけをお聞かせ下さい。

□ 新聞・雑誌の広告で（紙・誌名）＿＿＿＿＿＿＿＿
□ 新聞・雑誌の書評で（紙・誌名）＿＿＿＿＿＿＿＿
□ テレビ・ラジオで　□ 書店で　□ ウェブサイトで
□ 弊社DM・目録で　□ 知人の紹介で　□ ネット通販サイトで

■ 弊社出版物でご注文がありましたらご記入下さい。

►別途送料がかかります。※3,000円以上お買い上げの場合、送料無料です。
►クロネコヤマトの代金引換もご利用できます。詳しくは℡(026)244-0235までお問い合わせ下さい。

タイトル＿＿＿＿＿＿＿＿＿＿＿＿＿＿　＿＿＿＿冊

タイトル＿＿＿＿＿＿＿＿＿＿＿＿＿＿　＿＿＿＿冊

て、聞いていると物語の光景が目に浮かび、お話の世界に引き込まれるような音読を披露してくれました。相当練習したんだなあということがよくわかりました。大したものです。

10月22日（木）「子どもたちに聞く力を」

昨日、第2回全校対話を行いました。今回のテーマは「わたしがうれしかったことば」。めあては、「班全員の話をしっかり聞くこと」で、そのための大切なポイント「あ（相手の顔をしっかり見て）い（いい姿勢で）う（うなずきながら）え（笑顔で）お（終わりまで聞く）」を最初に伝えました。まとまりとしては苦労している班も見受けられましたが、6年生の司会と5年生の記録は前回より確実に上達していました。あきらめず、経験を積み重ねることが大切だと思います。第2回学校評議員会を並行して行ったので、評議員の皆様にもゲストティーチャーとして対話に加わっていただきました。「全校が一堂に会して同じことに取り組む活動、なかなかできないことですが、あたりまえに出来ていることがすごいと思いました。各班の5、6年生がとてもしっかりしている。特に記録を取っている子どもたちの力は素晴らしいものがあると思います。人の話を聞いて、記録を取り、自分も話さなければならないのだから、力がついていないとできないことです」（学校評議員さんの感想）。

10月23日（金）「Xからの手紙」

一昨日、2回目のシャッフル道徳を行いました。私はくじ運の悪いことにまた授業者に当たってしまったので、6年1組で授業を行いました。今回は教科書を使わず、「Xからの手紙」という内容でやってみました。課題は「6年間一緒に生活してきたクラスの仲間の良さを改めて発見しよう」。あらかじめ割り振られた友だち3人に向けて、その人の「すごいなあ」と思うところ、頑張っているところ、ステキなところなど、本人が気づかない良さを手紙に書いてもらいました。6年生は、全員黙々と友だちの良さを書いてくれました。誰が書いたかわからない「Xからの手紙」は、私がパソコンで打ち直して来週までに本人に届ける予定です。そのあと、「みんなで跳んだ」というドキュメンタリー動画を見てもらいました。神奈川県小田原市のある中学校で「運動会の大縄飛び」をめぐって実際に起こったできごとを描いたもので、クラスの結束がテーマです。最後に「6年1組もこんなクラスになって卒業してほしい」と話しました。

10月26日（月）「新しい研修のカタチ」

コロナ禍で私たち教員の研修のあり方が変わりつつあります。長野市教育センターの研修も実際に集まる集合研修とオンライン研修が同じ位の頻度になりました。今年度、本校は長野県教育委員会の「学びの改革実践校」に指定されていて、Zoomによるオンラインミニフォーラムに、校長と教頭が参加しています。会場に行く時間をかけずに、著名な講師のお話を聞く機会に恵まれています。毎回、小グループによるセッションがあり、学校にいながら他校の実践にふれることができたり、参加者で悩みを共有したりしています。実践校ということで視察の依頼もあり、今月9日には飯田市立鼎小から、22日には長野市立川田小からそれぞれ校長先生が、本校の様子を参観に来られました。川田小とは放課後に、研究主任同士の情報交換もオンラインで行うことができました。コロナ禍で学校の様々な部分をオンライン化するＧＩＧＡスクール構想が前倒し実施となり、今年度中には１人１台のタブレット端末が配備されるようです。授業の中で他県や世界の小学生と対話が出来る日も近いかもしれません。そう考えるとわくわくします。

10月29日（木）「学級通信はなぜ、何のために」

今日は、1年の学年通信（今年度の第106号）を紹介します。「算数で『3つの数の計算』の学習をしてきました。これまでは下の問題のように『増えて増える問題』『減って減る問題』『減って増える問題』に取り組み、『3つの数を一つの式で表せること』『前から計算すること』を学んできました。右は昨日の問題です。『ひだりに7ひき　みぎに3びきのっています。8ひきおりると、なんびきになりますか』。この問題を解く式を立てるときに、困ってしまう子が何人もいました。それは、これまで手がかりにしてきた『のる』『おりる』の言葉が『8ひきおりる』と一つしかないからです。『そうだね。7から8も引けないし、3から8も引けないし……』と問いかけると、何人かの子が手を挙げてくれました。代表して、こはるさんに答えてもらうと『7と3を合わせて全部から引けばいい』と出ました。その言葉にほとんどの子が『7と3がたし算の問題である』と気づき、式を『7＋3－8』と立てることができました。これまでは立式をするのに、キーワードとなる『合わせて』に注目してきましたが、合わせての言葉がなくても、図からたし算の問題だと気づくことができました。算数は、次の学習につながっていきます。ここでは、新しく式を立てたり解いたりする際に、図を手がかりにする良さにふれることができました。……1年生最難関の『繰り上がりのあるたし算』『繰り下がりのある引き算』の学習の前に、『3つの数の計算』の学習をしたのは、『6＋4＋3は、6＋7の考え方』『10－4＋3は、13－4の考え方』につながるからです。3つの数の計算がスムーズに出来ていないと次の学習が大変になってしまいます。お子さんの宿題等の様子を見ていただき、ご支援をお願いします」。

私が担任をしていた頃（すべて中学校）、学級通信を毎日書いていました。記事にしていたのは、すべて授業記録か、生徒の生活記録でした。学校生活の大部分を占めるのは「授業」です。私の場合「社会科、特活、道徳でどんなねらいをもって授業をし、生徒がどんな発言をしたか、学習カードにどんなまとめを書いたか」を客観的な事実として綴っていました。子どもにとっては、授業と家庭学習をつなぐツールとなり、私自身も授業をふりかえる手段となっていました。それ以外の行事や日常生活は、主として生徒が書いた生活記録を使って書きました。中学生ですので、保護者に向けてというより、生徒に向けた発信を意識していたような気がします。続けていると生徒も生活記録を良く書くようになります。ある時、生徒にこう言われたことがあります。「うちのクラスは、学級通信で学級会をやっているみたい」。まさにそんな様相でした。

上記で紹介した1年担任の安藤先生の学級通信は、とくに授業参観の少ない今年、今児童が何を、どんなふうに学習していて、お家の方にどんなサポートをしてほしいか、を明確に伝えています。週末の学級通信が、その週の行事報告で終始しないように、誰に向けて、何を目的に書くのかを明確にすべきだと思っています。

10月30日（土）「初　昇降口ゲリラライブ」

いよいよ来週は音楽会。6年生とともに考えてきた新しい音楽会です。感染予防の観点から、2日間に分けて行います。1日目（11月5日）は、全校の子どもたちだけのプログラム、2日目（11月6日）は、連学年ごとに保護者のみなさんに聴いていただくプログラムになっています。各家庭1人などと運動会同様に、様々な制限をお願いしなければなりません。保護者の皆様に、全校の演奏を聴いていただけないのは心苦しい限りですが、今できる最大限のプログラムとなっています。合唱をすることについては迷いもありましたが、間隔をあけるなど感染予防策を十分にして、子どもたちの歌声も披露することにしました。音楽を楽しめる2日間になればいいなあと考えています。音楽会に向けて子どもたちの練習も佳境に入ってきています。30日には、安曇野市立三郷中学校長の内川雅信先生に、4、5、6年生の合唱を指導していただきました。各学年35分の指導でしたが、子どもたちの歌声が劇的に変わるのを耳にすることができました。11月2日には、1、2、3年生が長野市教委指導主事の西山裕一先生に指導をしていただく予定です。校内で音楽を楽しむ雰囲気作りも大切です。28日には、学校への訪問コンサートをやっているエバリーさんに、バイオリンとピアノのコンサートをやっていただきました。馴染みのあるメロディの楽しいステージに子どもたちもノリノリだったようです。30日の昼休みには、昇降口ゲリラライブが行われました。鍋屋田バンド（ギター：水戸和義講師・成田剛真教諭、パーカッション：福澤善史教諭、ボーカル：4年男子3名）が、あいみょんの「マリーゴールド」を演奏してくれました。聴きに来た大勢の子どもたちが大きな声でともに歌い、昼の昇降口が熱気あふれるライブ会場となりました。アンコールもかかり、とても楽しい5分間でした。また次のライブも計画しているようです。ちょっと密でしたが……。でも音楽を楽しめる学校の雰囲気っていいなあと思いました。

全員リレーが育んだものは

小学生の時、２度ほど運動会のリレーの選手に選ばれたことがあります。約40人のクラスの中から、足の速い男女各２人が選ばれます。当日は体操着にゼッケンを縫い付けるため、一目で選手と分かります。子ども心に何とも誇らしく思ったのを覚えています。

10月16日に催された運動会は子どもたちの提案のほとんどが採用され、大成功のうちに終わりました。ただごくわずかですが、学校側が採用しなかった案もありました。選ばれた選手だけが走る高学年リレー。替わりに学校側が決めたのは、クラスみんなで走る「全員リレー」でした。

児童会が選抜リレーを提案したのは、単純に「例年通りにやりたい」という思いからだったようです。ただ、先生たちには、「全員でつながる」という児童会提案の趣旨には合わないように見えました。また例年より開催時間も競技数も短縮・縮小して行うため、全員で走ることで子どもたち全体の運動量を一定程度は確保したいという事情もありました。

選抜には、いくつかの教育的効果があると思います。一つは選ばれたいと努力すること。鍋屋田小は多くの学年が１クラスで、選手が固定化されやすいという側面はあるものの、「今年こそは選ばれたい」「絶対に抜かれたくない」と努力します。ある女児は春から練習を続けていて「今年も選ばれたいので、頑張っています」。選出に必要なタイムに向けて、各自の力をアップさせる効果もあるでしょう。そして選ばれた時の達成感。これは選手しか感じることはできませんが、「つながり」と全体の運動量を達成できた半面、２０２０年の高学年リレーには、なかった側面でもありました。

これらを踏まえて、多少なりとも両者を近づける方法はなかったかと考えました。あえて一点あげれば、走る距離をもう少し長くしてもよかったかと思います。ほとんどの子どもたちが走るのはトラック半周。アンカーだけが全周を走ります。高学年にとっては、半周などあっという間で、力を発揮する場としてはやや短い。走るのが苦手な子もいるため、極端な差を付けられなくて済むという面はあるものの、選抜という段階がなかった分、力を出し切る場面としてはやや物足りなく感じました。

鍋屋田小は様々な制限の中でも、できることは工夫してやる姿勢を取ってきました。例年以上の経験や学びを得たことも多々あったと思います。それでもすべてが「ウィンウィン」だったわけではないことも、事実です。（川見）

11月

６年諏訪社会見学

音楽会

私たちが見つけた音楽会

２０２０年度当初、運動会以上に実施が危ぶまれていたのが、毎年秋に開かれる音楽会でした。合唱や楽器演奏に伴う飛沫の心配や、室内で「密」も避けられないのではないかとの懸念。秋口からは感染拡大の兆候もみられ、一時は中止も視野に検討してきました。しかし、８月の職員会でのプレゼンテーションで、音楽会検討チームの６年生が語った、「例年通りにいかないことは十分に理解しています。しかしウイルスとの闘いの中で今、私たちにできることは、音楽を通して心を一つにすることだと考えています。一人一人のつながりが薄くなり、心を一つにできる行事も思うようにできなくなっている今だからこそ、行う意味があると思うし、学べることもあると思います」という言葉が、私たち職員の背中を押してくれました。

２０２０年度の音楽会は11月5日、６日の２日間を使って、体育館で行われました。例年は全校児童と保護者が一堂に会して１日で行いますが、今年は初日を全校児童が参加する日、２日目は連学年とその学年の保護者をお招きする日という形で分散を図りました。「全校の演奏を聴きたい、そして聞かせたい」という、子どもたちの願いを叶える異例の措置でした。マスクを取ることはさすがにできなかったものの、全学年が合唱と合奏を披露。練習時間の不足も、プログラムの半数以上を教科書掲載の比較的演奏しやすい曲にすることで補うことができました。演奏しやすさを重視したことで、表現は豊かなものにすることができ、先生方からも「子どもたちと曲を創り上げる余裕ができた」という声があがりました。

コロナ禍は、音楽会の意義を再認識し、そのあり方を根本から見直すいい機会になったのかもしれません。

（田川）

11月2日（月）「多様性あるつながりを」

10月30日、総合的な学習の時間の一環で、3年生が「ハロウィーンパーティ」を行いました。昇降口には、朝から「ジャック・オー・ランタン」が飾られ、ハロウィーンの雰囲気を醸し出していました。3時間目には、思い思いの仮装をした3年生がグループごとに「Trick or Treat」と叫びながら、校長室、職員室、会議室を回りました。私が、用意していたお菓子を渡しながら「Happy Halloween!」と応じると、口々に「Thank you. Good-bye!」と言いながら、小さな悪魔や魔女たちは喜んで帰って行きました。3年生は、11月中旬に「鍋屋田秋祭り」も学年合同で行う予定です。翌31日には、4年生が継続して学習を深めてきた「どうなるんだろう、私たちの権堂」（これも総合的な学習の時間の一環で、イトーヨーカドー跡にオープンした「ごん堂秋葉ベース」の一角（一番いいポジション！）にテントを張ってもらって、1組は「なべっ子ゲームセンター」を、2組は「なべっ子商店」を出店しました。保護者の皆さんを含め多くの来店者があり、大賑わいでした。「権堂ににぎわいを取り戻すために私たちができること」をテーマに子どもたちは学習をしてきました。今回の反省をもとにさらに学習は続きます。本校の中では珍しく、複数学級がある3年生と4年生。来週の音楽会も学年合同で演奏をしますが、学級の垣根を超えて学習したり、活動したりすることは大変意義あることだと思っています。3年生は年度末にクラス替えを控えていたり、来年度から教科担任制を経験することになります。子どもたちにはこれからも、多様な友だちや先生と関わる良さを感じていってほしいと思います。

11月4日（水）「なべっ子　おはなし玉手箱」

10月のドラクエ5「音読にチャレンジ」は、30人の挑戦で終了しました。音楽会の練習があったり、私が出張や来客で対応できなかったため、最終日の30日には何人もの子どもたちからそのことを訴えられました。そこで、11月のドラクエ6も「続　音読にチャレンジ」として続けることにしました。国語の授業が進んでいることも考え、今回は各学年2つの教材から選んで挑戦できることにしました。なお、10月中に挑戦に来た子どもたちの中には、素晴らしい音読を披露してくれた子が何人もいました。そこで各学級から1人を選んでもらい、お昼の放送の際に音読をしてもらうことにしました。名付けて「なべっ子おはなし玉手箱」。来週11日の放送から始まります。お楽しみに。

11月5日（木）「音楽会大成功！」

胸が熱くなりました。皆さんの演奏には「伝える力」がありました。今年もまた、音楽でみんなの心をつないでくれました。こうしてみんなで歌を歌えること、楽器を演奏できることはなんて幸せなことなのでしょう。今年は特にそのことを強く感じる音楽会でした。

私の心に残ったことを二つ話します。

一つ目は、たった数分のステージのために、これまで積み重ねてきた皆さんの努力の尊さです。今日までクラスや学年の友だちといっしょに、何十回と歌ったり、演奏したりしてきました。私は演奏を聴きながらみなさんがお家で、歌や楽器を何度も何度も練習している姿が思い浮かびました。その中で今日が最高の演奏でした。特にはじめての1年生と、最後の6年生の演奏は心にしみました。

二つ目は、鍋屋田小のみんなで創った音楽会だという誇らしさです。

今年の音楽会は特別な音楽会でした。今日の成功は、6年生の力なくしては考えられません。中心を担った5人の6年生は、夏休み中から「どうやったら音楽会が出来るか」を一生懸命考えてくれました。何のために音楽会をやるのか、から本気で考えてくれました。そして全校の皆さんの聴く姿勢も素晴らしかった。聴いている人と一体感のある素敵なコンサートを聴いているようでした。

音楽っていいですね。こうしてみんなが繋がれる。そして心が温かくなる。今日演奏した曲を、これからの人生で嬉しい時、悲しい時、辛い時に口ずさみながら、今日の友達の笑顔を思い出せるといいですね。最後に、今年だけの、そして世界に一つだけの令和2年度鍋屋田小学校音楽会を創り上げてくれた6年生、本当にありがとう。みんなで大きな拍手をしましょう。

11月6日（金）「何のために音楽会はあるのか」

2日間にわたる音楽会が幕を閉じました。今日は保護者のみなさんに、連学年ごと、子どもたちの演奏を聴いていただきました。事前に申し込んでいただいた各家庭1人の保護者の皆様には、来校に当たって丁寧な健康観察と受付での検温をしていただきました。出入口の密集を防ぐために、昇降口でPTA役員のみなさんに受け付けをしていただいて、1部（3、4年）、2部（1、2年）、3部（合唱団と5、6年）ごとに入れ替え制で行いました。保護者席は十分なソーシャルディスタンス、入れ替え時間には各自、除菌シートで座席を拭いていただきました。子どもたちもマスクを外すのはステージの演奏時のみ（外したくない子どもはマスクをしたまま歌を歌いました）、共用の楽器を使う子どもたちはステージに上る際に手指消毒をし、ステージの入れ替えの際には先生方が楽器も消毒しました。2学期は行事が多く、また授業時間の確保も必要なため、練習時間が十分取れたわけではありませんが、各学年とも「音楽の楽しさ」を十分感じさせてくれる演奏になりました。短い練習時間でも十分な演奏ができたのは、「プログラムの半数以上が教科書教材」という選曲にも理由がありました。先生方からも「簡単な曲にしたおかげで、子どもたちと曲を創り上げる余裕ができた」という声がありました。演出や追究の工夫によって、教科書教材でも十分豊かな表現ができると改めて思いました。緊張しがちな子どもたちも、のびのびと演奏している様子が見えました。そんな意味で子どもたちだけの1日目、保護者参観の2日目という2部構成もよかったと思います。また、音楽を楽しむ校内の雰囲気も、エバリーさんのコンサートやゲリラライブで高まっていました。6年生の提案からスタートした今年の音楽会。子どもたちの熱量に押されながら職員も発想を転換し、どうしたらこの状況の中で成長につながる音楽会ができるか、真剣に考えました。「何のために音楽会はあるのか」。これからの新しい音楽会を考えるいいきっかけになったかもしれません。

11月9日（月）「冷え込む朝の心温まるひととき」

今日から「縦割り落ち葉掃き」が始まりました。昨年の児童会長の選挙公約から始まった取り組みで、2年目になります。今年の児童会では、環境委員会が進めてくれるようです。毎朝8時〜8時15分に、昭和通りと長野大通りの歩道の落ち葉を、縦割り班の2班ずつで掃きます。掃いても掃いても毎日たまる落ち葉、それでも黙々と根気よく掃き続けます。毎朝、続ける清掃の何と意義深いことでしょう。こういう作業はその人の人間性が見えるような気がします。この時間帯、私は自由になるので、今年も子どもたちと一緒に1ヶ月続けるつもりです。掃除をしながら「おはようございます」と大きな声であいさつをすると、行き交う人たちからは「おはよう」「がんばってるね」「ごくろうさん」と声をかけていただけるようになります。また、縦割り班ならではの上級生から下級生への優しさも垣間見えます。冷え込む朝の奉仕作業ですが、心が温まる1ヶ月になってほしいと思います。

11月10日（火）「危機感を持って」

7日に長野圏域で10人の新型コロナ感染者が出ました。ご承知のとおり、学区内にある権堂地区でのクラスターの発生です。長野圏域の感染警戒レベルが2に引き上げられました。まだまだ感染者は増えそうな気がします。北海道では200人超え、東京でも連日200人近くの感染が報道されており、全国の1日当たりの新規感染者数は、1000人を超える日が続いています。寒さと乾燥の季節の到来とともに、確実に第3波がやってきています。正直、4〜5月頃に比べると、私たちのコロナに対する危機感も薄れているのかもしれません。「感染防止のためにやれることはやっていこう」と、昨日の職員連絡会で確認しました。6月に学校が再開したとき確認した原点「鍋屋田小学校再開ガイドライン」に戻って、地道に感染防止に努めていきたいと思います。

11月11日（水）「わたしたちの罪」

4日から「なかよし月間」が始まっています。この間、「縦割り」の活動が多く計画されています。まず、9日から「縦割り落ち葉掃き」が始まっています。さらに、9〜13日の1週間は姉妹学級清掃、26日～12月16日は、縦割り清掃になります。18日の全校対話も縦割り班で行います。例年、全校で人権講演会を行っていましたが、今年は学年ごとに講師を選んで、SGE（構成的グループエンカウンター）や、対人関係ゲームなどの活動を通して、人間関係づくりを学びます。講師は、1、2年が北部中養護教諭の小池良江先生、4、5年が吉田小教頭の田中武先生、3、6年が七二会小校長の西澤佳代先生にお願いしました。また、この期間は「相談月間」にもなっており、子どもたちは担任の先生との全員面談、スクールカウンセラーを含む担任以外の先生との希望面談を行います。私も7人の子どもたちと面談をする予定です。活動を通して、友だちとのかかわり方や言葉のかけ方など、人とのよりよいかかわりをもつために大切なことを学びあう1ヶ月になってほしいと思います。身近でも感染が珍しくない状況で、私たち自身の心の中に感染した人への差別意識が生まれることがあります。内なる差別意識は誰もが持っているということを忘れないようにしたいものです。

11月13日（金）「子どもたちの笑顔と心の成長を守る」

たくさんの保護者の方から音楽会の感想をいただいています。6年生の合唱や演奏の迫力や感動、それが1年生にも確実に伝わっていたことなど、温かなコメントをたくさんいただきました。「子どもは6年生のすごさが印象に残ったようで、高学年への憧れはとてもすてきなことだと思います」（1年保護者）。「1年生へのメッセージはきちんと伝わっています。6年生、本当に感動をありがとうございました。先生方も子どもたちの思いを汲み取っていただきありがとうございました」（1年保護者）。こんな感想を寄せて下さった方もいらっしゃいました。「この状況下、子どもたちのためにできるだけ例年に近づけて行事を行っていただき、先生方には頭の下がる思いでいっぱいです。子どもたちの笑顔を守っていただきありがとうございました」「コロナからだけでなく、心の成長も守って下さってありがとうございました」。これはうれしかった。わたしたちの願いそのものですから。「コロナウイルス感染防止と、子どもたちの心の成長や笑顔を両方とも守る」。そのためにはどうすればいいか、それを考えていくことが我々の使命だと思います。昇降口に、なべっ子学習用算数のプリント（1～6年）を入れる棚が設置されました。昨日、全職員で設置し、単元名のラベルを貼りました。勝田先生が早速、プリントを取りやすいように棚の下に板をはさんでくれました。今までこのプリントは、各教室の廊下に学年ごとに置いてあったのですが、これで自分にとって必要な単元の学習プリントを、学年に関係なく持って行くことができます。それぞれの子どもたちが、苦手な単元はもう一度基礎に戻って、逆に進んでいる単元は学年を飛び越えて、自分に合った学習を選んで行うことができるようになります。

11月16日（月）「学びの秋」

先生方も学んでいます。13日は1、2年の連学年会が、市教委の市川大輔指導主事をお呼びして算数の授業づくりについて研修をしました。市川先生には12月の公開授業「三角形と四角形」（担当は2年担任の宮島先生）に向けて、何回か連続でおいでいただくようです。また、5、6年の連学年会にも何度も来ていただいています。20日には、安藤先生が上田市立東小学校へ視察研修に行く予定です。また近々、渡辺先生と福澤先生が軽井沢西部小学校へ「自由進度学習」の視察研修に行く予定です。軽井沢西部小は、本校の前教頭の牛木剛二先生が校長をされており、風越学園との連携を通して新しい学びを模索している学校です。12月7日には、信州大学教職支援センター准教授の荒井英治郎先生においでいただき、本校の令和3年度教育計画策定に向けての助言をいただく予定です。「学びの秋」です。子どもたちもわたしたち教師も学び続けたいものです。長野圏域が感染警戒レベル4（特別警報）となりました。市内中学生の感染も確認されています。14日にセントラルスクゥエアで行われた「ONE NAGANO フェスタ」への合唱団の出演は、取りやめとしました。19日の2、3年スケート教室（エムウエーブ）、20日の6年社会見学（茅野・諏訪方面）は、今のところ、感染対策を十分した上で予定通り実施する方向です。

11月19日（木）「分散型の全校対話に挑戦！」

18日に第3回全校対話を行いました。今回のテーマは「リレー自己紹介&さいころトーク」でした。今までは体育館に一堂に会して行っていましたが、感染防止と寒さ対策、あわせて話がより聴きやすい環境でと考えて、2班ずつ14教室に分かれて校内放送で行いました。机やイスを使えたこと、音声のみの放送にしたこと、2つの班をできるだけ離したこと、聴き方について教員が介入したこと等、手立てを工夫したことによって、これまで6年生が苦戦していた幾つかの班でもスムーズに進行できたという報告を受けました。音声だけの放送の方が子どもも集中しやすいという発見もあり、〈分散型〉の全校対話ができることがわかって、冬場でもできる見通しが持てました。次の時間は、シャッフル道徳でした。私は初めてくじに外れたので、全教室を見て回りました。市教委指導主事のお2人にも見ていただき「担任をしていない学級で授業をすることで、全校の子どもたちを全職員で見ていくことにつながるのだと感じました」「シャッフルされた先生方といつも通り授業ができる教師と子どもたちの関係がすごいと思います」という感想をいただきました。「なべっ子お話玉手箱」2日目。今日は4年生の2人に「白いぼうし」を音読してもらいました。緊張していましたが、よく練習してきたことが伝わる音読でした。

11月24日（火）「ああ、旅行が終わっちゃう！」

20日に6年生の諏訪・茅野方面への社会見学に一緒に行ってきました。「尖石縄文考古館見学、諏訪湖遊覧船周遊、レイクサイドホテルで昼食、すわのねでオルゴール製作、下社秋宮参拝、しもすわ今昔館おいでやで御柱祭DVD視聴と木遣り、食祭館でお土産購入」という盛りだくさんの日程でした。秋宮では土砂降りの雨に見舞われましたが、その他の見学地では何とか天候ももちました。先生の指示より前に点呼を済ませていた班長、見学地ごとに調べてきた情報を丁寧に発表してくれた学習係、事前に家でクイズや問題を作って持参し、車内のレクの時間を盛り上げていたレク係、みんな「自立した学習者」の姿でした。帰りのバス（2号車）でこんな出来事がありました。姨捨サービスエリアを出発した直後、ガイドさんが「運転手よりみなさんへのプレゼントです」と言いました。次の瞬間、バスの明かりがすべて消され、車窓から善光寺平の100万ドルの夜景だけが浮かび上がり、子どもたちから大きな歓声があがりました。ある男の子が大きな声で叫んだ一言。「ああ、旅行が終わっちゃう！」。まさに6年生最後の、この仲間と共に過ごした一日の終わりを惜しむ心の声でした。

11月26日（木）「今日はイベントデー」

小春日和の穏やかな一日。今日はたくさんのイベントがありました。朝から順に紹介します。まずは「縦割り落ち葉掃き」。19班と20班が時間を超過して長野大通りの落ち葉をきれいに掃いてくれました。行き交う人たちへのあいさつの声も大きく、気持ちのよい朝のスタートになりました。1、2年生は校庭で「焼き芋大会」。1時間目から自分たちで育て、収穫したサツマイモを焼き芋にしました。焼き芋が焼けるまでの間、2年生が企画したゲームを1、2年全員で楽しんでいました。3時間目の終わり頃、焼き芋がほっくほくに焼き上がり、火を囲んで全員でお腹いっぱい、ほおばりました。3年生は、1ヶ月以上かけて準備してきた1、2組合同の「鍋屋田秋祭り」を2時間目、3時間目の休み時間に開きました。入口で手指消毒をしてから開催されている教室に入ると、3年生がおもてなしの心で迎えてくれました。折り紙教室、クイズコーナー、屋台、つりと輪投げコーナー、ボウリング、的あて、紙飛行機大会などたくさんのコーナーで楽しむことができました。校内にたくさんのポスターが貼られ、大勢のお客さんで賑わいました。4年2組は、2度目の「なべっ子商店」を権堂で開き、手製のマスクや防災グッズ、収穫した朝どれの二十日大根を販売しました。3時間目に無人で開店し、6時間目までの間、住民自治協議会のみなさんが店番をして下さいました。二十日大根は完売だったそうです。お昼の放送は「なべっ子おはなし玉手箱」で、2年生が音読しました。情感たっぷり、聞き惚れるくらいのすばらしい「スイミー」でした。放送室にいた6年生が感心していました。

11月30日（月）「当事者として」

27日の信濃毎日新聞に「身近で感染　向き合う生徒」という見出しで休校から再開した長野市内中学校の記事が載りました。「26日再開した長野市の中学校のある学年では、道徳の授業で生徒らがそれぞれ新型コロナウイルスに向き合う思いを紙に書いた。『めっちゃ不安』『身近に迫っていて恐怖を覚えた』と率直な戸惑いを記した一方、『確かな情報を見極める』との決意や、『感染するのは悪くないと言われて安心した』との声も。

『寄り添いあうのが仲間だ』と、思いやる気持ちを表す生徒も目立った」。誰がいつ感染してもおかしくない今の状況で最も気をつけなければならないのは、噂やデマによる差別や誹謗中傷です。記事の中にあった担任の先生の言葉「差別が生まれるかもしれない瞬間に、皆さんはいま当事者として向き合っている」が胸に沁みました。自分の不安や弱さを他者にぶつけることで始まる差別やいじめ。まさに今、一人ひとりが差別意識を持っているという自覚と噂やデマに流されない強さ、他者の思いを汲む想像力が問われています。

行事はあるだけありがたい

「この場にいること自体が奇跡なんですよ」。11月20日、諏訪での社会見学も終わりに差し掛かったころ、6年担任の石井孝道先生は取材にしみじみこう答えました。無理もありません。感染状況が不安定で、諏訪に行けそうだという決断ができたのは1週間前。しかも今回の社会見学は、これまで4度の計画変更を経て、ようやくこの日を迎えていました。

従来、6年生の社会見学は東京に行くのが通例でした。しかも２０２０年は東京五輪・パラリンピックの年。そこでパラ競技を生で見たいという計画を当初は検討していました。しかし、チケットを取るのはやはり難しく、東京スカイツリーや国会見学などといった通常のコースに変更。その後、新型コロナの感染拡大という事態が生じ、東京に行くこと自体が困難となりました。そこで次に考えたのが、群馬県の富岡製糸場。しかし、これも「県外」という理由で頓挫します。最終的に落ち着いたのが諏訪でしたが、これも2週間ほど前に見学コースの変更があり、ようやくこの日の実施に至ったというのが経緯でした。

学習の機会という意味では、残念な部分は多々ありました。パラリンピックを生で見る機会（２０２１年に持ち越しになり、いずれにしても無理だったわけですが）はもちろん、石井先生の言葉を借りれば「国会に行く機会だって、この子たちにとっては、人生でそうはないと思います」。一方で諏訪はどうかというと、訪れるチャンスは比較的あるでしょう。それでも石井先生は言いました。「勉強の部分はちょっと横に置いて、とにかく子どもたちが楽しそうでよかった。普通に授業をやることを考えればずっといいと思います。だって遊びに来られたんだもん」

戸隠に出掛けた夏の校外学習の時も石井先生は似たようなことを言っていました。２０２０年度は万事において、再検討や変更、そして注意喚起などに気を使い続けてきました。だからこそいつもとは違う環境で子どもたちがのびのびと過ごし、笑顔がはじけた。それだけで先生にとっても、子どもたちにとっても、十分貴重な一コマだったのです。（川見）

12月

第２回 Englishday　合唱団クリスマスロビーコンサート

リモートの可能性

2020年は「リモート」に挑戦した1年でもありました。

休校中は職員が演じる英会話の様子を補助教材として動画で配信。6月には各教室をネットでつなぎパソコン上でやりとりする形で児童総会を開きました。教員研修は今やほぼ「Zoom」。冬場は感染者が大きく増えたこともあり、2学期の終業式は各教室と校長室をつないでのオンライン方式にしました。やってみて感じたのは、チャレンジさえすれば、慣れていくものだということ。終業式などでは校長が一方的に話しがちですが、双方向のやり取りができるオンラインの利点を生かして、子どもたちにも発言の機会を設けたところ、お互いをより近しく感じられることもわかりました。また、感染対策になることに加え、集まる時間や労力が省けて、有用だと感じました。

こうした経験を生かして、3学期は海外とのZoom交流にも挑戦しました。一つは毎年、短期留学で来ていたロンドン在住の日本人小学生と、もう一つは「青い目の友情人形」を贈っていただいた米国在住のご夫妻と。グローバルな社会を生きてゆく子どもたちにとって、リモートは国や言語、文化を超える、新たなツールとなっています。(田川)

卒業式
ギューリックⅢ世とオンライン

12月1日（火）「読み聞かせが育む力」

本校には、読み聞かせを行うグループが2つあります。一つは、10年以上月1回おいでいただいている丸田さんを代表とする「お話会」、もう一つは、読書旬間など年に2回おいでいただく青山さんを代表とする「お話畑」。それぞれ特徴があって子どもたちも楽しみにしています。11月30日と12月1日に、今年初めて「お話畑」のみなさんに読み聞かせに来ていただきました。たまたま、本校の空き教室で行っている「お話会」の勉強会が同じ日に重なったため、「お話畑」の読み聞かせを聞きたいということになりました。同じ活動を行う2つのグループが、切磋琢磨してより良い読み聞かせを追究したいという姿に背筋が伸びました。小学校の教育現場では、「人の話にじっと話に耳を傾ける」ことが苦手な子どもが以前に比べて増えており、話の途中で関係ない言葉を挟んだり、授業でも行事でも集団で何かに取り組もうとする際、子どもたちの集団活動への準備状態を作ることが難しくなっています。聞く力をつけることが、想像力を豊かにする、言語能力を高める、人間関係を育むなど生きる力につながると言います。愛情あふれる読み聞かせは、子どもに将来にまで続く安心感を与えることができ、成長の根となっていくと考えます。昨日、ドラクエ5、6の表彰をしました。「なべっ子おはなし玉手箱」に出演してくれた12

人の子どもたちに、賞状と賞品（新刊図書を一番に借りる権利）を授与しました。昨日は1年生のおはなし玉手箱の予定でしたが、欠席者があり2日に延期しました。12月のドラクエ7は、算数「大豆の数と重さ当て」です。校長室前に置いた、たくさんの大豆の数と重さを予想してもらいます。「おおよそどのくらい？」という考え方ができるかどうかが勝負です。

12月3日（木）「令和3年度に向けて」

今年は、学校評価アンケート（保護者評価）が、Formsで行われ市教委で集計してもらえるため、手間がかからなくなった点はいいのですが、学校が集計結果を知るまでにもう少し時間がかかります。さらに、経年比較のため、前年と同じ質問がほとんどで、コロナ禍のこの1年の学校の取り組みがどうだったのかについて把握することができません。そこで本校独自で、記述式のアンケート（学校評価アンケート②）を実施しました。内容は、①臨時休業中の取り組みについて　②自学自習力伸長の観点から　③学校行事運営について　④コロナウイルス感染症予防についての4点です。今年の総括と次年度に活かせることを検証しておく必要があります。出されたご意見を、7日から始まる「次年度構想プロジェクトチーム」で検討して、次年度の学校運営に活かしていきたいと考えています。昨日で、すべての縦割り班が落ち葉掃きを終えました。2日は、欠席等で自分の班の時に出られなかった子どもたちの番でした。昇降口前の銀杏もすべて落葉し、長野大通りの歩道もずいぶんきれいになりました。地域の方々との交流や、縦割り班活動ならではの関わりの良さも見られて充実した1ヶ月間でした。「なべっ子お話玉手箱」の最終回、1年生3人の音読でした。「くじらぐも」を役割読みしてもらいました。「緊張して心臓が飛び出しそうだったぁ」と言いながら、1年生らしいかわいい音読を披露してくれました。

12月4日(金)「学びの個別最適化への挑戦2」

3日の2時間目に、2年1組で算数の公開授業がありました。三つの教室に分かれて、それぞれの子どもに応じた授業が行われました。単元は「三角形と四角形」。定義や特徴を学んだ子どもたちが、切ったり折ったりという操作活動を通して、図形を作るためのきまりを発見するという学習でした。そのことを通して三角形や四角形の特徴を理解するなかなかレベルの高い内容だったと思います。各自の到達度に応じて選択肢のある課題と、分割する線を簡単に示す「透明のプラスティック板」など子どもが視覚的にわかりやすいツールが用意されていました。メインの教室以外では同じ学習内容にもかかわらず、全く異なる展開や追究が行われていました。こうして「個別最適化されたまなび」が実現できる本校は、大変恵まれていると感じました。12月のドラクエ7に挑戦する子どもたちが次々とやってきています。3年1組の男子7～8人は、校長室の机上に大豆を全部広げて全員で分担して数えていました。2年生の5人は、同じ大きさのコップに100個の大豆を入れて、だいたい同じ高さにそろえ100個ずつ数えていました。子どもたちの発想の豊かさに毎日驚かされています。

12月7日（月）「なべっ子学習ってこうやってやるんだね・・」

2年1組の学級通信第33号を紹介します。「1日になべっ子学習の振り返りをしました。3年生のなべっ子学習のノートを見せてもらい、3年生のすごいところを見つけました。『字も色ぬりもていねい、復習をしっかりやってあった、自分で問題を作ってやっていた、音楽・英語・理科・社会もやっていた、楽しそう、写真を使っていた、マンガを描いたり国旗を描いたりしていた、ふり返りがていねいに書いてあった』。最後に自分でもやってみたいこと、がんばりたいことを書きました。プランニングに興味を持った人もいました。自分で時間や内容を決めて学習できそうな人はチャレンジしてみてはいかがでしょうか。3年生へのよいステップとなることを願っています」。2年生は、3年生のなべっ子ノートを憧れの気持ちを抱いて見たことでしょう。また、着眼点や工夫、やり方や内容の多様性を感じて、「自分でもこうやってみたい」という願いを持ったことでしょう。新しい学習指導要領では、こうして試行錯誤しながら自分に合った学習方法や対象を見つけていくことを「学びを調整する力」と位置づけて、育成すべき資質・能力のうちの「学びに向かう力、人間性等」の中に整理しています。3年生になろうとするこの時期に、このような機会を通して刺激を受け自分の学びをより良いものにすることは大切なことだと思います。さらに言えば、下級生が上級生の授業やなべっ子学習タイムを参観するなど、教科学習における異学年交流を進めていきたいものです。

12月8日（火）「学びのパラダイムシフト」

来年度の計画などを教員で話し合う「次年度構想プロジェクトチーム」が発足しました。本日は全校午後2時50分下校で、午後3時10分から午後4時50分までみっちり話し合いました。最初に、渡辺先生と福澤先生から先日、軽井沢西部小に視察研修に行った際の報告がありました。その後、グランドデザインにある3つの重点（学ぶ力・学びを支える力・学びに向かう力）ごとにチームに分かれて、「今年度よかった点、来年度に向けて検討していく点」を出し合いました。各グループの話し合いを共有した後、信州大学教育教職支援センター准教授の荒井英治郎先生に、オンラインで助言をしていただきました。1年間のコロナ禍の取り組みの総括を通して、我々はどんな財産を獲得したのか、アフターコロナの学校教育に求められることは何か、何を残して何をあきらめるのか、そんなことをグランドデザインに基づいて問い続けなければならない、とあらためて感じました。検証の材料とした「児童アンケート」の授業時間に関する6年生の回答に、こんな記述がありました。「今さら45分にしてもだらだらとする授業になってしまうと思います。それなら、先生たちは大変だと思いますが、35分間中身の詰まった授業をして、自学自習の時間を長くして、自主学習の力をつけていくべきだと思います」。この「中身の詰まった授業」という言葉に、わたしたちが目指すべき「学びのパラダイムシフト」へのヒントがあるような気がしました。

12月9日（水）「サンタさん来てくれる?」

8日の信毎夕刊に「サンタさん来てくれる?」と小さな胸に大きな不安を抱く子どもたちに、各国首脳が一所懸命メッセージを届けているという記事が載っていました。5歳の子から、サンタの外出を制限しないようメールでお願いされたイタリアのコンテ首相は、「サンタさんは、特別な申請書があるから世界中の子どもたちにプレゼントを配れます」。心配した8歳の子の手紙に、イギリスのジョンソン首相は「北極に電話したら、サンタは準備万端だった。すばやく安全に行動すればリスクはない」。米国立アレルギー感染症研究所のファウチ所長は「心配しないで。サンタには生まれつき免疫がある」。米免疫遺伝学の専門家は「おもちゃの生産は計画通り。トナカイは感染しないので大丈夫。おもちゃを作るこびとは、マスクを付けて社会的距離を取っている」。英スコットランド行政府のスタージョン首相は「サンタは魔法が使えるので安全よ」。コロナでもサンタクロースはちゃんときてくれるのか、と世界中で心配しながらプレゼントを待っている子どもたちへのメッセージの数々。なんとユーモアとウィットに富み、わたしたちを温かな気持ちにさせてくれることとか。どこかの国の政治家たちにもこのくらいのセンスを期待したいものです。鍋屋田小のみなさん、安心して下さい。サンタクロースは必ずやってきます。

12月12日（金）「学習、授業の異学年交流を」

家庭学習がんばろう旬間が始まっています。職員会で「学習・授業の異学年交流を」と呼びかけたところ、さっそく2年生がやってくれました。2年生の学級通信第34号を紹介します。「今週は、5年生のプランニングを書いてある自主学習ノートを見せてもらったり、3年生のなべっ子学習タイムを見学したりしました。3年生には、学習タイムの時間中、内容も含め、どのように取り組んでいるか、またその雰囲気も感じてほしくて見学をお願いしました。『百聞は一見にしかず』ですね。見て感じたことをさっそく自分の学習に取り入れている人が多かったです。なべっ子学習ノートは宝物です。自分の宝物が増えることは学ぶ意欲につながります。続けていく中で、時には楽しみ、何かを発見し、達成感を味わい、またやってみようと思う。ぜひお兄さんやお姉さんたちのよいところを取り入れて、よりすてきななべっ子になってほしいと思います」。今日もなべっ子学習タイムに、3年1組へ見学に行く2年生の姿がありました。子どもたちの〝Well-being〟（より良い未来に向かう意欲を持ち、生命力があふれている状況）のため、3年生に向かうこの時期に、先輩の学ぶ姿に憧れ、なりたい自分の理想を描きながら自分の学びを成長させていく、いい機会になっていると思います。

12月14日（月）「豊かな学びにつながる光る言葉」

11日のａｂｎステーションで本校の特集が放送されました。「ピンチを逆手に挑戦！学びの改革」と題した内容でした。今までは運動会、校外学習、児童集会など特別活動に関わる特集が多かったのですが、初めて学校の本丸＝授業改革に焦点を絞ったものでした。「学ぶ意欲を刺激する、自ら学ぶ力を育む」ことを大切に取り組んできた本校の改革について、長丁場の取材でつないだ特集になりました。今回、４年生の子どもたちのインタビューや会話の中に、豊かな学びにつながる光る言葉がたくさん登場しています。「権堂を救っていきたい」（Ｍ・Ｉくん）、「変わるな、変わるな」（Ｉ・Ｔくん）、「すごく納得できる」（Ｔ・Ｍさん）、「待って、待って、おいていかれてる」（Ｎ・Ｔさん）、「ワクワク感が生まれる」（Ｋ・Ｈさん）、「商品を変えていきたい」（Ｔ・Ｓくん）、「いろんなお店の苦労を知った」（Ｉ・Ｔくん）。こうした子どもたちのつぶやきを、私たちが日ごろからキャッチして教育活動をしているか。「自立した学習者の育成」に向けて、ますます精進していかなければと思いました。

12月16日（水）「渾身の一球」

15日に本年度の児童会の最大の行事「ビッグイベント」が行われました。4年生以上の委員が企画し、縦割り班の姉妹学級の子同士がペアで、各委員会のブースを回るイベントです。委員会の活動内容にそって「落ち葉掃きタイムアタック」「30秒原稿読み」「3ヒント本探し」「ペットボトルキャップ重さ当て、ゴミボール投げ」「健康3択クイズ、豆つかみ」「ストラックアウト」「生活のルール当て」「スタンプラリー」という工夫されたコーナーが準備されました。各会場とも大盛況で、子どもたちの笑顔があふれた3時間になりました。あらためて6年生の企画力と準備の周到さに感心しました。また、あちこちで低学年の児童をやさしくエスコートしたり、ていねいにやり方を教える高学年児童の姿が見受けられ、1年間、様々な活動を続けてきた縦割り班の良さをあらためて感じるひとときとなりました。お昼の放送で、体育委員長さんに「校長先生の渾身の一球でストラックアウトが破壊されました」と全校放送されてしまいました。手作りの力作を壊してしまってごめんなさい。

12月17日（木）「なべっ子商店　再稼働」

ふたたび4年2組のなべっ子商店が動き始めました。今日からの個別懇談会で来校する保護者の方々に小松菜と二十日大根を販売しようと、雪に覆われた畑から野菜を収穫する子どもたちの姿がありました。その後、値札（二十日大根10円・小松菜30円）を付けて、昇降口に野菜を陳列していました。無人販売です。また「ごん堂秋葉ベースでもう一度なべっ子商店を開きたい」と、7人の子どもたちが校長室を訪れ、販売するに当たっての「6つの感染予防対策」をプレゼンしてくれました。その内容は①児童もお客さんも手洗い・手指消毒を徹底する　②おつりはトレーでやりとりする　③ビニール手袋をする　④マウスシールドかマスクを着用する　⑤ビニールシートを張る　⑥宣伝は録音したものを流す、だそうです。コンビニなどの感染予防策をよく見ているなあと感心しました。私からいくつか質問をして「長野地域の感染警戒レベルが3までだったら」という条件付きで許可しました。出店は2月頃の土日を考えているそうです。お楽しみに。

12月18日（金）「子どもは風の子」

夜更けからの雪もやみ、太陽が顔を覗かせる温かな一日でした。子どもにとっては格好の雪遊び日和。1時間目から1年生と4年生が校庭で雪だるまを作ったり、そり遊びをしたり、雪合戦をしたりして、楽しそうに遊んでいました。1年生は、1時間では遊び足りなかったようで、2時間目も、それに続く休み時間も雪遊びに興じていました。思いっきり遊んで満足したことでしょう。16日から保護者懇談会が始まっています。今年度は、学習指導要領が変わったこともあって、評価と通知表のあり方について、PTA役員のみなさんや先生方とずいぶん議論してきました。今までの通知表は、「知識・技能」に関わる「できている」「できていない」を評価する項目（単元ごと）が多数あり、それのみに関心が集まってしまったり、「◎」や「△」の数に目が行ってしまう傾向がありました。我々教師の側も、テスト結果や発言回数、ノートの提出など表面的・一時的な子どもの傾向を捉えて評価しがちでした。評価は教師の指導改善、児童の学習改善につながるものでなければなりません。評価の観点も4観点から3観点に変わり、リニューアルした通知表を保護者のみなさんにお渡しししています。評価は「子どもたちが自分の学び方を振り返り、よりよく成長していくためのもの」という原点に立ち返って通知表を見ていただけると幸いです。

12月21日（月）「ルリボシカミキリの青」

３年生くらいの子どもたちは、好奇心にあふれています。そしてそれを素直に表現しようとします。ある３年生の男の子は私に会うといつも「総武線についてお話ししましょう」と話しかけてきます。彼は、ＥＦ65形とかＥＦ63形とかＪＲの電気機関車の種類を全部覚えています。彼のお気に入りはＥＦ81形の「北斗星」だそうです。また、ある３年生の男の子は、自作の戦国時代ゲームを持って校長室に遊びに来ます。設定は１５８２年、本能寺の変の６ヶ月前だそうです。日本地図に当時の戦国大名がすべて描かれています。彼に、大名の名前や戦の年号を聞くとすべて答えが返ってきます。「１５７５年は？」「長篠の戦い」。「１６１５年は？」「大坂夏の陣」。そばで聞いていた歴史好きの６年生が舌を巻いていました。この年頃に抱いた興味・関心は未来につながる力となり、生きていく道しるべともなり得るのです。６月に書いた福岡伸一先生の言葉をもう一度紹介します。

「私はたまたま虫好きが嵩じて生物学者になったけれど、今、君が好きなことがそのまま職業に通じる必要は全くないんだ。大切なのは、何かひとつ好きなことがあること、そしてその好きなことがずっと好きであり続けられることの旅程が、驚くほど豊かで、君を一瞬たりともあきさせることがないということ。そしてそれは静かに君を励ましつづける。最後の最後まで君を励ましつづける」（『ルリボシカミキリの青』）。

12月24日（木）「クリスマスイルミネーション」

一昨日の4時間目と5時間目に、音楽担当の清水先生が「お囃子をつくろう」と題して公開授業をしました。対象は3年生です。「ラ」「ド」「レ」の3つの音階を使って自分で作った1小節の旋律を、リコーダーで演奏して聴きながらグループでつなぎ、一つの曲にするという音楽づくりの学習でした。ある班では「曲が終わる感じ」を求めて、順番を入れ替えたり、繰り返しの仕方を工夫したりして追究していました。「グループで共有するための旋律の可視化」という手立てが、グループ追究を深めることにつながっていました。この単元はプログラミング教材を活用してもよかったかもしれません。今年も昇降口に、クリスマスツリーがお目見えしました。教頭先生に調達してもらった高さ2メートル以上のもみの木に、子どもたちが作った松ぼっくりの飾りと、事務担当の小林先生にお借りしたクリスマス飾りを飾り付けました。夜になると、イルミネーションが大変きれいに輝いています。今日はこのツリーの周りで、すてきなイベントが行われる予定です。お楽しみに。

12月25日（金）「イングリッシュシャワー」

昨日は今年度第2回English Dayでした。朝、サンタクロースが2人、昇降口で子どもたちを出迎えました。低学年を中心に大騒ぎになりました。1時間目はクリスマス英語集会でした。姉妹学年のペアで23ヶ所のブースを回りながら、英語で会話してイチゴやチョコレートなどのパーツを集めて台紙に貼り、クリスマスケーキを完成させるというミッションでした。休み時間はドラクエスペシャル「先生方と英語で会話をして、3色（金・銀・赤）のシールを集め、クリスマスツリーを作ろう」で盛り上がりました。校長室は大賑わい。60人近くが完成したツリーを届けてくれました。放送は一日中、英語版のクリスマスソングが流れ、毎日流している手洗いの放送も、6年生が英語でアナウンスをしていました。各授業は英語のあいさつで始まります。3年2組の算数の授業では、「Let's study math」で授業が始まっていました。お昼休みは、クリスマスツリーの前で合唱団の「ロビーコンサート」がありました。「ジングルベル」「We wish you a Merry

Christmas」など3曲を披露してくれました。マスクをしたままの演奏でしたが、子どもたちが奏でるスレイベルや水戸先生のギターに合わせ、天井の高い昇降口いっぱいにすてきなクリスマスソングが響きました。聞いていた児童たちから万雷の拍手が送られ、イングリッシュシャワーのクリスマスイブとなりました。

12月26日（土）「2学期、本当にありがとうございました」

昨日で90日間の2学期が終わりました。2学期の終業式は、初めてリモートで行いました。校長室と各教室をZoomでつなぎ、全クラスと対話をしながら校長講話を行いました。校内の通信環境の整備を担当している「スクールパートナーズ長野」の方にサポートしていただき問題なくできました。やってみて感じたのは、画面から子どもの表情や反応がよくわかるので、大変話がしやすいこと。子どもとのやりとりができるので受け身で聞いているだけにならないこと。全世界とつなぐこともできるので可能性が広がること、などでした。3年1組の子どもたちは、最後まで退室せず「良いお年を～」とみんなで叫んでいました。当たり前のことが当たり前でなくなっていく日々。それさえも続くことで日常になってきた毎日でした。例年とは違う怒濤のような2学期。すべての保護者の皆様のご理解、ご協力のお陰でここまでたどり着くことができました。心より感謝申し上げます。ありがとうございました。

授業改善の効果と懸念

長かった2学期も終わりました。校外学習や運動会、音楽会など行事が目白押しでしたが、私が注目していたのは先生たちの授業改革でした。

例えば4年1組の福沢善史先生の「自由進度学習」。一言で言うと、各児童にプリントを配り、それぞれのペースで進めてもらうものです。4年2組の成田剛真先生は、授業の中で出す問いへの答えを事前に考えてきてもらい、全員でその答え合わせから取り組むといった形の授業を始めました。いずれも再び休校になるかもしれないといったコロナ禍への対応、35分という短縮された授業への対処、そして「未来を切り拓く自立した学習者の育成」という学校の目標を意識したものでした。

取材した印象は、いずれも概ね順調でした。自由進度学習は「個」で学び進めますが、その過程では周りの子との教えあい、学び合いが生じます。言い換えれば、周囲との人間関係が重要ですが、子どもたちは同級生たちの力を借りて、高めあっていました。成田先生の授業では、子どもたちは同級生の発言に耳を傾け、刺激を受けていたと思います。短縮された授業の中で、集団で学ぶ効果を最大限活用し、「個」の学びにつなげたいという先生方の意欲を感じました。

一方で、ある先生はこうした取り組みの別の作用として「教える」「教えられる」といった関係性が固定化するのではないか、と気にしていました。ひいては、あの子は「できる」「できない」につながり、努力が必要な子はそこからなかなか抜けられなくなる、といった心配です。確かにこれでは学びへの意識づけにはつながりません。必要なのは目配りと、指導の持っていき方。教師には自ら教えることと合わせて、各自の学びと成長をコーディネートする力が重要になっていると改めて感じました。

（川見）

1月

長野西高校美術班制作黒板アート

高校生の心意気

コロナ禍で小学校最後の1年間を過ごす6年生に、とびきりの思い出を作ってあげたいとずっと思ってきました。そこで考えたのが、高校生に一肌脱いでもらう作戦です。3学期の始業式の日。昇降口と6年生の教室にチョークを使った「黒板アート」が登場しました。昇降口は人気漫画「鬼滅の刃」のキャラクターを描いたもの。6年生の教室には「雲の向こうへ」と題したオリジナル作品が描かれました。手がけたのは全国大会で入賞経験のある長野西高校の美術班。始業式では班員からのメッセージも放送され、6年生たちは神妙な面持ちで聞き入っていました。

もう一つは鍋屋田小OBで、長野高校生徒会長の北村優斗くんが企画・提案してくれた「清走中」というごみ拾いイベントの実施です。楽しみながら街をきれいにするというプログラムで、3月の実施に向け、6年生と一緒に計画を進めてきました。

高校生は6年生にとって数年後の自分です。活躍する先輩たちの姿に、ちょっと先の将来を見据える機会にもなってほしい。思い出作りと合わせて、そんなことも考えてスタートした3学期でした。

（田川）

6年　清掃中

1月7日（木）「全集中！ 疫病退散」

新年明けましておめでとうございます。今年もよろしくお願いいたします。今日から47日間の3学期が始まりました。朝は、恒例の上千歳町との合同挨拶運動からスタートしました。児童会代表委員会の4～6年生と地域の挨拶運動メンバー「上千歳48」のみなさんが、正門前と北門前に立って気持ちの良い挨拶をしてくれました。同時に職員は4ヶ所に分かれて朝の登校指導を行いました。新年のサプライズが子どもたちを待っていました。昇降口では「鬼滅の刃」、6年生の教室では「雲の向こうへ」の黒板アート。全国黒板アート甲子園で3年連続入賞している長野西高校美術班の高校生8人が、4日から6日まで25時間かけて描いてくれました。子どもたちが校舎に入った瞬間、福澤先生（パーカッション）・成田先生（ギター）・水戸先生（ギター）でつくる鍋屋田バンドの「紅蓮華」の演奏にあわせて、「鬼滅の刃」の除幕を行うという演出を行いました。始業式では、テレビを通じて「雲の向こうへ」を全校に披露し、高校生からのビデオメッセージも合わせて紹介しました。1年の始まりが、ワクワク感いっぱいの一日となりました。

1月8日（金）「囲み取材をこなしてしまう小学生って」

1都3県に「緊急事態宣言」が出されました。4月以来、2度目となります。全国の感染者数は過去最高の7571人、長野県も同じく79人でした。ひたひたと感染爆発が近づいています。学校ができることは、徹底した感染防止と学びを止めないことです。気を引き締めて参ります。昨日は、SBCを除く民放各社が本校の始業式と黒板アートをニュースで放送してくれました（SBCは本日放送だそうです）。放送局によって構成の特徴があって楽しく見せてもらいましたが、個人的には以前から取材を続けて下さっているabnさんの作り方に味を感じました。6年生の黒板アートにフォーカスしていた点、過去の取材による素材を活用していた点、西高美術班の高校生の思いも伝わってきた点などから、人間味を感じる4分間になっていたように感じました。昨日の取材の時、6年生へのインタビューがありました。7社もいらっしゃったことから、代表2人の囲み取材にしてもらいました。児童会の正副会長が、5台のカメラと12人の記者に囲まれて質問を受けました。感心したのは、2人が矢継ぎ早の質問に対して、その場で考えて実に簡潔で的確な回答をしていたことです。この状況で事前にわかっていない質問に答えるというのはなかなかできることではありません。私たち大人でも難しい技をやってのけてしまう彼らに感服しました。

1月12日（火）「海外とのオンライン交流への挑戦」

Zoomによる終業式・始業式の成功に味をしめて、3学期は海外とのオンライン交流をやってみようと計画をしています。6年生は一昨年、本校に「青い目の人形ナンシーちゃん」を贈って下さったギューリックⅢ世ご夫妻（アメリカメリーランド州在住）とお話ができないかと画策しています。5年生は、2年生の時から毎年本校に体験入学に来ているM・Hくん（イギリスロンドン在住）との交流です。お母さんにメールをしたところ、前向きなお返事をいただき、2月5日午後3時15分からを第1候補として調整中です。9時間の時差があるので、日本の5年生が下校直前、ロンドンが朝の6時15分になります。今、世界中の人々がウイルスとの闘いをしていますが、Zoomで世界中とつながれるこのワクワク感はアフターコロナ時代の可能性を感じます。M・Hくんのお母さんから本日こんなメールをいただきました。「お元気でお過ごしでしょうか？　イギリスは3度目のロックダウンに突入し、今回は1回目のロックダウン同様、学校はエッセンシャルワーカー（どうしても家から出て働かなくてはいけない人たち：病院関係者、学校関係者など）

の子どもたちと、特別なニーズのある子どもたちのみ登校することができ、それ以外の子どもたちは家で学校から出された課題をこなす生活をしています。学校によってはオンラインで授業を行なっているところもありますが、M・Hの現在通っている学校ではまだオンライン授業の用意が整っておらず、Google classroomを使った課題設定と提出です。そんなわけで、今回の交流は本人にとってとてもいい刺激になると思います」

1月13日（水）「学校力」

来年度の年間行事計画や日課表を考えなければならない時期になりました。今日も教務会をやりましたが、悩ましいのはコロナの終息が見通せないことです。卒業式・入学式をどのようにやるのか、日課表をどうするのか、運動会や音楽会をいつどのようにやるのか、臨海学習や東京社会見学をどうするのか、悩みは尽きません。今の状況に鑑みると来年度のスタートがコロナが終息した状態で切れるとはとても思えません。大切なのは、①感染状況に対応した複数の案を持っていること　②状況に応じてやり方をフレキシブルに変更していくこと　③何のためにその行事を行うのかを明確にすること　④新しい発想で考えること、だと思っています。こういうときほど「学校力」が問われるのではないでしょうか。毎年のことですが、1月は会合ばかりの毎日で今日と明日くらいしか学校にいることができません。今日は先生方との面談を進めるとともに、学校内を何度か回ってみました。各学年の廊下には、書き初めや3学期の目標が掲示されており、新しい年の始まりの機運を醸し出しています。「やるぞ」という子どもたちの決意が伝わって、緊張感のある雰囲気が漂っています。休み時間には、ドラクエ8（ストップウオッチ60秒チャレンジ）の挑戦者や、常連の五目並べ挑戦者が校長室にやってきて何気ない会話を楽しむ一日になりました。

1月14日（木）「ユズリハ」

本日、次年度の児童会長を決める選挙に向けて、選挙管理委員会が発足しました。3学期は、「6年生：いかに卒業するか　5年生：いかに学校の顔となるか　1〜4年生：いかに新入生を迎えるか」というテーマを掲げ、「令和3年度の0学期」と位置づけて、私たち教職員にとっても、子どもたちにとっても、4月からの新生活の円滑なスタートに向けた47日間にしたいと考えています。そのために先生たちは工夫して、子どもたちに一つ上の学年の光景を見せたり、意図的に少し上の立場に立たせたりしながら日々の活動を仕組んでくれています。例えば、4年生以上がスキー教室で留守になる明日は、3年生が委員会活動を経験する絶好のチャンスです。「ユズリハ（譲り葉）」という植物があります。春に枝先に若葉が出たあと、前年の葉がそれに譲るように落葉することから、その様子を、「親が子を育てて家が代々続いていく」ように見立てて縁起物とされ、正月の飾りや庭木によく使われます。花言葉は「世代交代」です。令和2年度の学校運営の重点「自立した学習者の育成」について、何ができて、何が課題なのかを明確にして、令和3年度につなげる3学期にしたいものです。

1月15日（金）「絶好のスキー日和でした」

今日は4年生以上のスキー教室でした。当初は戸隠スキー場の予定でしたが、昼食時の「密」が避けられそうもないということで、急遽12月にいいづなリゾートスキー場に変更しました。そのため牟礼小学校には無理を言って日程を変更していただきました。感謝の一言です。そのお陰で一緒になったのは長野養護学校と北部高校のみで、昼食も全員がアクリル板で区切られた座席で同じ方向を向いてとるという、完璧な感染防止対策を取っていただくことができました。また、ゲレンデやトイレ、レンタルスキーの混雑もなく、気持ちよく一日を過ごすことができました。空は真っ青、風もなく暖かな気候で絶好のスキー日和の一日となりました。午前中にはキッズゲレンデでころんでいた初心者も、インストラクターさんの指導でみるみる上達し、午後にはすべてのグループがリフトに乗って、中腹から軽やかに滑り降りてきました。ケガもなく充実したスキー教室になったと思います。明日、明後日は筋肉痛に悩まされていると思いますが。

1月18日（月）「卒業生へのメッセージⅠ～孤独を恐れるな～」

今週は、出張のため一日も学校に居ることができないので、1冊ずつ本を紹介しながら、卒業する6年生へのメッセージを5回にわたって贈ります。これから悩み多き青年期を生きて行く6年生の道しるべとなればいいなあと思います。本校の令和2年度グランドデザインの重点2「学びを支える力の育成」に、「一人力」を掲げています。これは造語ですが、現代の子どもたちは一人でいることを怖がる傾向があります。いつも誰かとつながっていなくては不安になるようで、スマホが手放せないのもその表れです。担任をしている頃、トイレまで一緒に行く中学生にいつも「群れるな」と話してきました。本校でも、機会あるごとに清掃や読書、授業でも一人になって考えたり、自分を見つめる時間、自分と対話する時間を大事にしてほしいと伝えてきました。東日本大震災の後、立教新座高校の渡辺憲司先生が学校のホームページ上で公開した、卒業生へのメッセージが話題になりました。「時に海を見よ」と題され、「孤独の時間を見つめよ」という思いが込められています。「『自分は一人である』ことを見つめると、『相手もひとりだ』ということが見えてくるのではないだろうか。そして互いが、世界でたったひとりの存在であり『個』であることを認識する。誰もが違った存在であるからこそ、互いに結びつかなくてはならないこともわかるだろう。孤独になることで、互いが寂しい存在であり、何かを必要としていることも見えてくる。それが『孤独の時間を持つことが、多くの人とつながる』ということだ」。中学生になったら孤独を恐れることなく、本や自然、そして自分自身との対話を大切に生きていってほしいと思います。

1月19日（火）「卒業生へのメッセージⅡ～みんな仲良くなる必要なんかない～」

「1年生になったら」という歌があります。「1年生になったら、友だち100人できるかな」という歌詞ですが、よく考えると強烈なメッセージです。学校というのはとかく「みんな仲良く、心を一つに」という幻想を抱きがちな場所です。でも現代はそれが通用しないことが多くなってきています。「クラスはみんな仲良くという考え方には、昔は確かに現実的な根拠があったのです。なぜなら小学校はだいたいムラに一つだったからです。室町から江戸時代にかけて人々が自然に集まってできた自然村を基盤に明治時代に小学校を建てたのです。ですから、学校を支える濃密な関係がはじめからできていたのです……しかしとりわけ1980年代以降は、地域自体が単なる偶然にその場に住んでいる人々の集合体になっています。だから子どもたちも単なる偶然の関係の集まりだとしか感じていない場合が多いのです。こうした状況で気の合う仲間とか親友というものと出会えるということがあれば、それは実はすごくラッキーなことなのです。……逆にそうした偶然の関係の集合体の中では、当然のことですが、気の合わない人間、あまり自分が好ましいと思わない人間とも出会います。そんな時に、そんな人たちとも『並存』『共在』できることが大切なのです」（「友だち幻想」菅野仁著）。ある6年生に、難しいかなと思いながら「読んでごらん」とこの本を貸しました。今年の6年生がずっとテーマとしてきた「友だち・友情」について深く考えてほしかったからです。休み明けに返しに来た彼は「難しかったです」と言いました。少し成長したらもう一度、手に取ってくれると嬉しいと思います。

1月25日（月）「5年生へのバトン」

今日から選挙運動が始まり、３人の次期児童会長候補と応援責任者たちが朝から、昇降口や教室訪問で「○○さんをよろしくお願いします」と連呼していました。個人的には、この子たちが入学した頃をよく知っているので、その成長に目を見張るとともに、感慨深いものがあります。２月４日に立会演説会と投票が行われ、令和３年度の児童会長、副会長が決まります。そのあと彼らは、16日の学校評議員会で「どんな学校にしたいか」「地域とどのようにつながっていくか」などについて、学校評議員の皆さんと対話をします。また、３月25日の長野市子ども議会に参加して、よりよい長野市づくりへの新たな提案をする予定です。こうして「場に立つ」経験を積み重ねながら、「学校の顔」になっていくのです。一方、６年生の現児童会も頑張っています。体育委員会は、休み時間を使って「ドッチビークラスマッチ」を学年ごとに企画してくれました。今日は3年生の番で、１組対2組の熱い戦いが繰り広げられていました。代表委員会は、22日に「挨拶クラス対抗戦」をやっていました。そのため、お昼の放送もそれぞれの計画や結果報告など毎日盛りだくさんで、黙って食べている給食の時間に潤いを与えてくれています。正門前の白梅もほころんで、６年生から5年生へのバトンが渡されていく3学期です。

1月27日（水）「市内高校生の熱量」

本日、黒板アートを制作してくれた長野西高校へお礼に伺い、6年生の書いた色紙を美術班顧問の宮下先生にお渡ししてきました。私から「テスト前の3日間にもかかわらず、25時間も制作に集中していただいた生徒さんたちに大変申し訳なかった」ことを改めてお詫びすると、校長先生と宮下先生は「初めてであったが、非常にいい機会をいただいた。彼らの進路実現にとっても今回の取り組みは大きな実績となりうるし、今後は一人でも、小学生が高校生の姿にあこがれて長野西高を目指してくれればうれしい」と話してくださいました。西高生の心意気を少しでも感じてくれると幸いです。先日、キャリアフェス2020で6年生に話をしてくれた長野高校3年の北村くんから電話をいただきました。大学入学共通テストが終わり、自己採点では志望校に合格できたという報告とともに、長野を離れる前に、長野市や鍋屋田小の子どもたちに何か残していきたいという相談の電話でした。そこで昨日、北村君に学校に来てもらい、改めて話をしました。内容は、学生団体「Gomitomo」としてやってきた「清走中～ Run for trash ～」を、企業の社員研修プログラムとして提案している、今後、小学生の環境教育プログラムとしても提案していきたいという思いを語ってくれました。両方を兼ねた試行版として、企業研修担当者にも参加してもらい、本校の6年生と一緒に「清走中」をやってみたいという依頼でした。担任の石井先生とも相談し、提案を受けることにしました。3月の第2週、鍋屋田小学校版「清走中」を行います。お楽しみに。市内の高校生がこうして頑張っていることを、特に6年生に感じてほしい。将来の自分のモデルにしてほしいと思います。自身の5年後の姿を心に描いて前向きに中学校生活を送ってほしいです。

1月28日（木）「1年生企画！全校遊具鬼ごっこ」

昨日の昼休み、1年生の男の子と女の子が2人で手作りのポスターを持って校長室を訪ねてきました。「校長先生、昇降口にこのポスターを貼ってもいいですか？」。見ると、「休み時間に遊具鬼ごっこ」をするので参加してください、という呼びかけで、日程、時間、イラストや申し込み方法などが書かれたものでした。担任に聞くと、有志による自主的な企画で、夢中になってやっているそうです。すごいなあと思ったのは、1年生が全校や先生を巻き込もうとしていることです。今日も同じ2人が、手作りの賞状と受付名簿を持ってやってきて、当日どうやって進めるかを一生懸命説明していきました。名簿にはすでに何人かの上級生の名前があり、明日の休み時間には、1年主導の「全校鬼ごっこ」が始まりそうです。そこにちゃっかり「校長先生」と書かれていたので、明日の休み時間は筋肉痛にならない程度に、私も校庭を走り回るつもりです。本校の課題の一つは「体力の向上」です。今、次年度の計画を考えるプロジェクトチームの一つが、「全校共通の縦割り遊び」（遊びの交流）を提案してくれています。具体的には、全校が楽しめてチャレンジ意欲を向上させられる「うんどうあそび」を、朝の時間等を使って週1回連学年で行うなどと、話し合っています。1年生が、仲間内だけにとどまらず全校を巻き込んで遊びを企画するって、何と素晴らしいアイディアでしょう。そして、1年生がそんなふうに考えられるのは、6年生をはじめとする上級生が1年生と温かな関係を築いてきたからに他なりません。1年生の作ったポスターに「6年生は弱気で走ってください」と書いてありました。

人間関係は難しい

「卒業生へのメッセージ」と題した1月18日と19日のブログは、人間関係に関する内容でした。18日は「孤独を恐れるな」。19日は「みんな仲良くなる必要なんかない」。いずれも当時、人間関係が揺れていた6年生に向けて書かれたものですが、なかなか刺激的なタイトルです。

２０２０年度は例年より人間関係が難しかった年でもありました。春の休校期間中、学校が最も気を使ったのは日中に保護者が不在になることなどに伴う「子どもの孤立」。一方で、親子やきょうだいで過ごす時間が長くなり、摩擦が起きたケースもありました。ある高学年の児童は、休校中を振り返り、「弟が勉強しないことを自分のせいにされ、親に怒られた」。保護者も普段は見えないものが見えてしまい、つい口が出るなどのケースが多かったようです。

日常的な制限も影を落としました。例えば給食。本来は机をくっつけて皆でワイワイと食べますが、２０２０年度は机を離して黙って食べるのがルールでした。向かい合って話したり、じゃれついたりすることも望ましくなく、別の高学年の児童は「コロナで一緒に過ごす時間が減り、疎遠になった部分はどうしてもある」と振り返りました。感染症の際に起きやすい差別を懸念し、「休み中にどこに行ったか、聞かないようにしよう」と長期休暇後に呼びかける先生もいたほどです。目に見えないやりにくさは、誰もが感じていたと思います。

鍋屋田小は２０２０年度、つながりの維持・強化を課題の一つにしてきました。ただ、「つながる」と「群れる」は違うし、結局大事なのは「未来を切り拓く自立した学習者の育成」にも表れる「個」の育成。これらのバランスや両立をどう図るかが問われた1年でもあったと思います。

（川見）

2月

ナンシーデイ

ロンドンとオンライン

最後の授業

本校では、校長・教頭も含めてくじを引き、道徳の授業をするクラスを決めて実施する「シャッフル道徳」という取り組みを続けてきました。

2020年度は何度か授業をする機会がありましたが、2月に行った5年生への道徳が、私にとって教員生活41年の最後の授業となりました。題材は、東日本大震災の後、気仙沼市の小学校5年生が書いた詩「ありがとう」。同年代の子どもが大切な人の死にどう向き合い、受け入れていったかを考え、感じてもらいました。もちろんこの授業も、35分間でした。改めて感じたのは、35分では教師がしゃべる時間を圧倒的に減らす必要があること、そして子どもへの問いは一つ、授業で到達したい狙いも一つと、欲張らないことが大切ということです。

教材研究をすればするほど、教員はたくさんしゃべりたくなり、あれもこれもと使って総花的な授業をしがちです。授業の主役はあくまで子ども。子どもの側に立って発想し、組み立てなければならないのです。

授業の後、担任の渡辺貴美子先生がある子が書いた日記を見せてくれました。「今日、校長先生の授業がありました。すごく考えさせられ、気持ちが揺らぎました」。この日記を書いた彼は、3月の私の退任式で自ら手を上げてステージに上がり、涙ながらに別れの言葉を述べてくれました。大変嬉しかったです。（田川）

2月1日（月）「卒業生の名前」

私が校長として、卒業生に卒業証書を手渡すのは今回で7回目になりますが、西部中学校の時は、卒業式で卒業生の名前を呼びながら何かしっくりこないものを感じていました。それは、一人一人の卒業生の顔と名前が一致しないからでした。「名前を間違えて呼んでいないか」。そんなことばかりが気になりながら渡しているので、卒業生の顔をしっかり見て、心から卒業を祝う気持ちになっていなかったのです。卒業生にとても申し訳ない気持ちになりました。鍋屋田小に来てからは同じ轍を踏まないために、2月に卒業生全員と校長室で会食をすることにしました。一昨年度からは、たわいもない雑談のほかに「一人一人の名前の由来」と「中学への志」を聞くことにしました。そうすると卒業式で名前を呼びながら「ああ、この子の名前はこんな願いでつけられたのだ」とか、「この子は○○になりたいと言った子だ」など、一人一人のことがはっきりと思い出され、しっかりとその子の名前を呼ぶことができるようになったのです。卒業生にとって、卒業式は大切な旅立ちの節目です。今年も6年生と会食をしながら、少しでも一人一人の思いを感じて卒業証書を書き、渡したいと思います。今年は、食べている最中は話ができません。食べ終わってから、マスクをつけてそれぞれの人となりをじっくり聞きたいと思います。3

日から始まります。

2月2日（火）「ナンシーデイ」

本日、令和3年度児童会長選挙の立会演説会と投票がありました。3人の立候補者・推薦責任者ともに、堂々と自分の考えを発表していて、来年度の鍋屋田小学校児童会も大丈夫だなと思いました。明日には投票結果が判明し、5年生の新児童会長・副会長が決まります。昨日の職員連絡会で石井先生から、児童会の代表委員会が企画した「ナンシーデイ」の提案がありました。先日も書いた通り、いまだに6年生児童会が活発です。最後のひと花を咲かせようと頑張ってくれています。今回の企画は、「友達のいいところや感謝の気持ちを手紙で伝え合う」というのが中心的な活動ですが、そのほかに「登校時に友情人形ナンシーが昇降口で出迎える」「2、3時間目の休み時間に希望者によるストリートピアノの演奏をする」というイベントがあります。これまでに先生たちの「鍋屋田バンド」が計3回、ゲリラライブを開いたことが、今回の「ストリートピアノ演奏」の発想につながっているのでしょうか。またこの企画の裏には、2年前にギューリックⅢ世夫妻から譲り受けた「ナンシーちゃん」を後輩に確実に引き継ぎたいという、6年生の願いが込められています。「ナンシーデイ」というネーミングも素敵だし、ストリートピアノなど企画のセンスを感じます。

2月3日（水）「同点による決選投票！」

児童会長選挙の結果は、会長にK・Tくん、副会長はT・Kさん、I・Hさんが同点で決選投票となりました。今日の朝、放送で選挙管理委員長から結果の報告があったのち、副会長の再投票を行いました。結果は明日の朝、公示されます。長い教員人生の中でもこういう結果になったのは初めてです。子どもたちもびっくりしたでしょう。3人の得票数にほとんど差がなかったのは、3人ともそれぞれのコロナ禍での児童会活動のアイディアと願いに基づく主張がしっかりしていて、甲乙つけがたかったからではないでしょうか。再投票の結果も僅差で、「どちらにも決められません」と書いた白票があって、今回の選挙の激戦を物語っていました。本物の記載台と投票箱をお借りして行ったことも含めて、子どもたちにとっては選挙のしくみを知るいい学習の機会となりました。2月のドラクエ9「第2回ホエールくんを海に連れてって」のエントリーが行われました。35チーム84人の参加により、2月いっぱい熱戦が繰り広げられます。

2月5日（金）「卒業生の雄姿をみんなで祝いたい」

今年度の卒業式は、現状のレベル3であれば通常通り行う予定です。本校は、全校児童203人と小規模であり、十分な間隔を取ることができます。保護者の皆様の参加は各家庭2人までとさせていただきますが、来賓もお呼びして、頑張ってくれた6年生の旅立ちを祝う予定です。全校参加としたのは、縦割りの活動をたくさん行った5年生以下の子どもたちにも、6年生の凛々しい姿を見てほしいと考えるからです。特別な1年を過ごし、制限された生活にもかかわらず、前向きに鍋屋田小を引っ張ってきてくれた6年生の晴れ姿を皆で祝福したいものです。最後の学活は、例年であれば保護者の皆様にも教室に入ってもらうところですが、さすがに「密」になるので体育館で一堂に会して行うか、リモートで6年1組の教室と保護者控室をつなぐ予定です。心を込めて卒業生の巣立ちを祝うための準備を進めています。本日、5年生が帰りの会で、ロンドン在住のM・HくんとZoom交流を行いました。時々、映像が停止するなどテストの時より通信環境はあまり良くなかったのですが、5年生からいくつかの紹介とM・Hくんへの質問をしそれに答えるという形で交流が進みました。最後はみんなで手を振りながらお別れとなりました。ステイホーム中のM・Hくんとつかの間の再会を楽しんだ5年生でした。

2月8日（月）「今日は算数の日」

今日は公開授業の集中日でした。教科はいずれも算数で、水戸先生は「円と三角形」、福澤先生は「変わり方」（自由進度学習）、石井先生は公開授業「6年生のまとめ」をテーマに行いました。市教委の市川大輔指導主事にすべてご指導いただきました。水戸先生の授業のキーワードは「他の三角形も試さないと」でした。水戸先生は普段から子どものつぶやきをよく拾っているため、いいつぶやきがたくさんありました。福澤先生の授業はグループやペアで追究せざるを得ない設定が見事でした。追究のための手立てもたくさん用意されていました。福澤先生が「自由進度学習」のスタイルを試行錯誤し、作り上げてきた成果の一端が垣間見えました。石井先生の授業は6年間の算数学習のまとめで、興味深い問題を「中学生からの挑戦状」という設定で子どもたちの意欲を喚起していました。放課後は、2つの公開授業についての重点研究会がありました。あと1ヶ月半、最後まで私たちも学び続けます。

2月10日（水）「14人のストリートピアノ」

今日は、児童会企画の「ナンシーデイ」でした。朝は昇降口で、おめかししたナンシーちゃんが子どもたちを迎えました。多くの子が立ち止まって、「ナンシーちゃんおはよう」と声をかけていきました。このために、児童会長Ｉ・Ｙくんは昨日の夕方6時にお母さんと学校に来て、準備をしてくれました。休み時間は「ありがとうの手紙」を各クラスの子ども同士が交換しました。2時休みは、1、2、5年生の「ストリートピアノ」。飛び入りを含め、8人の子どもたちがかわいらしい演奏をしてくれました。3時休みは、3、4、6年生の「ストリートピアノ」。こちらも飛び入りを含めて6人が素敵な演奏をしてくれました。今日は、日差しの明るい気持ちの良い一日でしたが、心も温かくなりました。そして、昨年本校においでになったギューリックⅢ世ご夫妻の優しいお人柄を思い出しました。「世界の平和は子どもから」という願いを後輩に伝えるためのすてきな企画でした。児童会の代表委員会ありがとう。

2月12日（金）「成長の0学期〝いかに新入生を迎えるか〟」

本日、1年生が聖フランシスコ保育園の年長さんと交流会を行いました。1月に保護者や友達を相手にやった「お店屋さんごっこ」を年長さん相手に変えたものです。本番の様子は見られなかったのですが、子どもたちが年長さんを待ち焦がれる様子や、体育館でお店の準備をしている姿を見ていると、1年生にとっては「2年生になる矜持・先輩になる覚悟」を身に付けるいい機会となったように感じました。安藤先生がその準備の活動の中で、算数や国語など教科で学んだ知識を活用する場面を意図的に仕組んできました。「魚釣り屋さんのルールを聞くと『魚を釣る数を競って、一番多く釣れた人には賞状を渡す。魚は1人1匹プレゼントする』というものでした。『じゃあ、魚は何匹作ればいい？　年長さんは33人だよ』というと『33匹！』と言うので『最後の人はどんなに頑張っても1匹しかいないから、釣れるのは1匹だけだね』。（中略）算数をこういった活動の中で生かしていけるのか、そんな力をつけていけるような学習場面をこれからも作っていきたいなあと思います」（1年1組学級通信第169号）。生きて働く知識・技能を育てる学習、本当に大切ですね。

2月16日（火）「志高い若者は輝いている」

今日はうれしいことがたくさんありました。朝から、長野高校の北村くんが6年生と鍋屋田小周辺のゴミ拾いや「逃走中」（要するに鬼ごっこ）を行いました。3月9日に計画されているごみ拾いイベント「清走中」の本番に向けて、「体験を通して改善点を発見する」ための2時間でした。6年生の終始、生き生きした表情が印象的でした。午後は第3回学校評議員会でした。5年生の新児童会会長のK・Tくん、児童会副会長のT・Kさんに参加してもらい、評議員の皆さんと懇談をしてもらいました。2人とも堂々と願いや抱負を語っていて、すごいなあと思いましたが、さらに感心したことは6人の学校評議員さんからそれぞれ出された質問にその場で考えて、自分の考えをしっかりと述べていたことでした。こうした場に立つ経験を通して、子どもたちはたくましくなっていきます。夕方、長野西高校美術班顧問の宮下先生がおいでになりました。なんと、黒板アートを描いてくれた長野西高校美術班の生徒さんたちが「6年生に」と色紙にすてきな絵を描いて届けてくれたのです。黒板アート「雲の向こうへ」で描かれた少女が、寄り添っていた一角獣（ユニコーン）に乗って雲の上を駆けている絵です。少女は赤いマントを身に付けていて、黒板アートの際にも肩に乗っていた幸せの青い鳥がとまっています。旅立つ6年生に温かなプレゼントとなりました。学校評議員会が終わって会議室を出ると、本校の4年前の卒業生、現在は柳町中学校3年のO・Mさんが待っていました。「報告が二つあります」と。一つは書いた作文が全国表彰を受けたこと、そして前期選抜で長野西高校国際教養科に合格したという報告でした。今日が合格発表の日、わざわざ母校に報告に来てくれたのです。「将来はJICAで働きたい」と夢を話していきました。志高い若者の姿は私たちに勇気をくれます。元気が出た一日となりました。

2月17日（水）「ありがとう」

今日は第4回全校対話とシャッフル道徳でした。全校対話のテーマは「1年を終える今、誰にどんなありがとうを伝えますか」。今回も、各教室に分かれて放送を使って進めました。4回目ともなると6年生の進行・5年生の記録ともにずいぶん上手になります。1年間活動をともにしてきた縦割り班の気心知れた仲間との対話を楽しんでいました。ホワイトボードに、たくさんの「ありがとう」が並びました。3時間目の「シャッフル道徳」は、またくじに当たってしまったので、5年生で授業をさせてもらいました。テーマは「ありがとう」。東日本大震災の後、気仙沼市の小学5年生　菊田心くんが書いた詩

「ありがとう」を題材に、哀しくて切ない「ありがとう」を感じてもらいました。あれから10年、まだまだ震災は終わっていません。3年2組の子どもたちが、「鍋屋田小の自慢」というテーマで「ナンシーちゃん」の取材に来ました。国語の授業の一環です。私の都合を聞いてから取材に来たり、渡した資料は「教室に貼ってみんなが見れるようにしよう」というつぶやきもあり、取材をするときの基本的な姿勢を実行する3年生に感心しました。

2月19日（金）「東日本大震災から10年」

5年生を対象に一昨日行ったシャッフル道徳の授業「ありがとう」の学習カードを見せてもらいました。自分に引き寄せて考えている子、震災の怖さを改めて感じた子、悲しさ、切なさの中身を考えている子、それでも感謝の気持ちを持ち続けている気仙沼市の小学生、菊田心くんの強さに感心した子と様々でした。カードにはすてきなことばがたくさん書かれていました。「いろいろな人に支えてもらって、全ての人がいるということ」「会えないまま自分が生きているのはもっとつらい」「当たり前にあると思っていたものは特別のものである」「悲しくなりました」「生きていること自体にも感謝しないとだめだなと感じた」「現状を受け止めたくなくても受け止めないといけないつらさ」「すごく心に残る詩でした」「悲しいの一言！」「心くんはつらいことを乗り越えてありがとうを伝えた」。ある子がその日の日記に書いた文章を紹介します。「今日、校長先生の授業がありました。今日の授業は、すごく考えさせられたり、気持ちがゆらぎました。ぼくが心に残ったのは最後の『最後におじいちゃん見つけてくれてありがとう。さよならすることができました』という一文です。災害に遭って、まだ家族の遺体が見つかっていない人は、遺体で見つかった人よりももっとつらいことなんだと感じました」（5年学級通信第26号より）彼のような真摯な思考と真っすぐな心の揺らぎを大切にしてやりたいと思いました。昼休みに、昇降口のホールで4回目のゲリラライブが行われました。鍋屋田バンド（ギター：水戸・成田　パーカッション：小田切　ピアノ：福澤）が「虹」「夢を叶えてドラえもん」を演奏し、アンコールで「炎」もやりました。子どもたちも一緒に歌い盛り上がりました。

2月20日（土）「生きるとは学ぶこと」

中部公民館作品展を教頭先生と一緒に見に行ってきました。本校は、クラブで「四季の絵手紙同好会」と「こみち&茶道クラブ」の皆さんに指導していただいていたり、家庭科の被服領域の授業を「お針ちくちくクラブ」の皆さんに支援いただいています。そんなご縁で今回も、切り絵・絵手紙クラブの児童作品を一緒に展示していただいたり、四季の絵手紙同好会の皆さんの作品をお借りして卒業式で飾る予定です。これまで、同じ「学ぶ」という営みをしている学校教育と社会教育（公民館）が、互いに刺激し合い高め合うことが大切ではないかと考えてつながりを築いてきました。子どもたちが地域のプロの技や学ぶ姿勢にあこがれるのはもちろんのこと、指導してくださっている皆さんが口々に「子どもたちに元気をもらっています。毎回はりあいです」と言ってくださるのがうれしい限りです。いつも思うのは、こうして公民館で学び続けている方々がお若く見えることです。生き生きしていて、目の輝きが違います。人間何かに夢中になっている姿は、何歳になっても生きることそのもの。輝いています。

2月22日（月）「惜別の季節」

今年度最後のお話会がありました。新型コロナウイルス感染防止に気を遣っていただきながら、2学期から1ヶ月に一度ずつ実施していただいてきました。今回の読み聞かせは、5年生は「モモ」(ミヒャエル・エンデ)、4年生は「はこちゃんのおひなさま」(丸田周子)、3年生は「おにたのぼうし」(あまんきみこ)、2年生は「ぼうしのねこはほんとねこ」(あまんきみこ)、1年生は「さくらのさくひ」(矢崎節夫)でした。6年生はお休みでした。今年度も大変お世話になりました。6年生との会食がすべて終了しました。今年は会食後、マスクをしての対話でした。内容は中学校で頑張りたいこと、やりたい部活、6年間の思い出、好きな教科、苦手な教科、好きなテレビ番組、好きな芸能人(歴史上の人物)、○○さん(同席した同級生)はどんな人?、名前の由来、「志」など、堂々と自分を語ってくれました。音楽室から6年生の歌う「旅立ちの日に」と、在校生の歌う「明日へつなぐもの」が聞こえてきます。惜別の季節、卒業生の旅立ちまであと16日。6年生にとっては「最後の……」という名の付く毎日が続いています。

2月24日(水)「プログラミングの考え方」

小田切先生が、5年生の算数で「わくわく算数ひろば：プログラミングの考え方」について授業をしてくれました。「えんぴつくん」を、命令を組み合わせて正多角形の辺に沿って動かすためのプログラムを作ろうという内容でした。小学校では今年から、プログラミング教育が必修化されました。目的はプログラミング的思考を養うためです。つまり「順序立てて考え、試行錯誤し、ものごとを解決する力」をつけるための学習なのです。その方法は、「各学校の創意工夫により、様々な教科、学年、単元等で積極的に取り組む」ことになっています。本校でも、算数や理科などを中心に年間計画を立てて実施しています。実は、ドラクエでも2回やった「ホエールくん」はプログラミングを使った教材です。今回（2月）も、1年生から6年生まで37チーム89人が参加するなど、子どもたちは大喜びで取り組んでいます。現時点では、1位が5年生、2位が4年生、3位が1年生です。学年関係なく楽しく挑戦できることがこの教材の良さです。ゴールできなかった子どもたちは口々に「今度いつやるの？」「またやりたい」と言います。「ホエールくんを海につれてって2」。熱戦も明日の4チームで終了です。

2月25日（木）「国会みたい」

本日、第2回児童総会がありました。第1回はリモートで行ったので、一堂に会するのは初めてになります。活動報告を発表する6年生の姿は堂々としたもので、貫禄さえ感じました。対照的に5年生の緊張感に初々しさを感じる児童総会でした。最後に6年生の委

・員長から5年生の委員長へノートが手渡され、いよいよ令和3年度児童会がスタートしました。後ろで見ていた3年生が一言「国会みたい」。6年生に全員で大きな拍手を送りました。6年生ご苦労様でした。

2月26日（金）「逃げる2月の終わりに」

3年1組が国語の授業で企画した「私たちの鍋屋田小学校じまん」の発表会に招待されました。5つの班が、「北八幡川、校内の果物、キャラクターなべっち、友情の鐘、ホタル池」について発表してくれました。「私たちは〇〇が好きです。その理由が3つあります。ひとつめは……」という発表の仕方。写真を使ったり、指差しや動作など聞いている人に伝わりやすい工夫。取材対象の選定のセンスなど、素晴らしいプレゼンテーションでした。進行も含めてすべて子どもたちが進めていたこともよかったと思います。何よりも彼らの「鍋屋田小大好き」という気持ちがひしひしと伝わってきて、これからも母校やふるさとを思う気持ちを大事にしてほしいと思いました。安藤先生が1年1組の「なべっ子学習タイム」を授業公開してくれました。今日は「濁音と促音の読み書き」を、様々な活動を通して身につける学習でした。グループに分かれて行い、あるグループでは、濁音表のリズム読み、濁音かるた、ことばカード、どんじゃんけん、目のトレーニング、ちょこっとプリントと、30分の間に次々と活動を展開して、濁音や促音に慣れていきました。1年生でつまずきやすい濁音や促音をテンポよく体に覚えさせるには、有効な学習でした。自学の難しい1年生にどう意識づけていくかなど、「自学自習」のあり方は今後の課題です。

田川先生の「巻き込み力」

約1年間の取材期間中、校長室に何度も出入りし、田川先生と長時間、取材について話し合いました。その間、子どもたちがよく校長室にやってきました。始めるのは五目並べやお絵描き、ドラゴンクエスチョンの報告など。田川先生も積極的に付き合い、「何かを仕出かした時に呼ばれるところ」といった、長く私が校長室に抱いていたイメージとはかけ離れていました。

距離が近かったのは、子どもたちとだけではありません。田川先生は夕方6時以降、ほぼ毎日、職員室で先生方とあれこれ話をしていました。「あの子の今日の様子は？」「今度の職員研修はどうしようか」。意図的に残ってコミュニケーションを取っていたそうです（お互い早く帰りたい時もあったでしょうが）。長野高校生徒会長の北村優斗さんを招いて6年生に話をしてもらった9月の催しは、こうした話し合いから生まれたと聞いています。

振り返ると、2020年度の鍋屋田小の教育は、田川先生の様々なプランに周囲が巻き込まれるように進んでいたと思います。子どもたち向けには「ドラゴンクエスチョン」。先生方にとっては「35分授業」などの教育改革。3学期冒頭の「黒板アート」など、外部の人たちが運営に協力する場面も多々ありました。校長という立場はもちろん、内容が時代のニーズに合っていること、そして自ら学ぶ子に育てるという学校の趣旨にかなっているなどの大前提はあったものの、どれも概ね順調に進んだのは、田川先生の「巻き込み力」が大きかったと言えるでしょう。

私自身もそうでした。「取材させて」と頼んだのは私からですが、ミュージックステーション出演の仲立ちを頼まれたり、キャリアフェスでの講師を務めたり。そもそもこの本の出版も先生からお話をいただいたことがきっかけです。いつの間にか巻き込まれ、気付けば自分がやりたい、やるべきだと思うことになっていた…。このコラムを書いている今は2021年8月。テレビの取材はとっくに終わったのに、まだ「卒業」できない日々が続いています。

（川見）

3
月

4年総合なべっ子商店

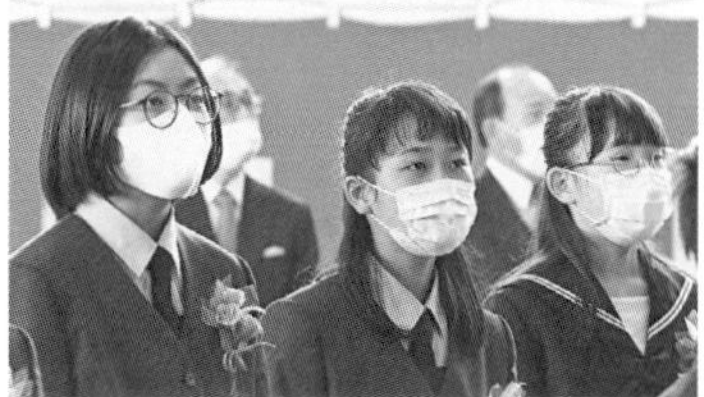

卒業式

合唱団卒団コンサート

自ら楽しみを創り出す力

「校長先生、このポスターを昇降口に掲示してもいいですか?」。1月のある日、1年生の男の子と女の子が2人で校長室にやってきました。そのポスターにあったのは「全校鬼ごっこ」という催しの告知。日時と場所、遊び方が習ったばかりのひらがなと絵で書かれていました。休み時間に1年生だけでなく、全校を巻き込んで遊びたいという願いを形にした企画でした。

　私は1年生がここまでやることにたいへん驚きました。そしてそんな姿勢を後押ししたのは、様々な催しを提案し、実現し続けてきた6年生の背中なのだと感じました。秋の運動会と音楽会の立案を手掛け、自信を付けた6年生。12月には、毎年恒例の「ビッグイベント」という児童会主催行事についても、感染対策を工夫しながら自分たちの力だけで見事にやり抜きました。

　2月には、米国のギューリックⅢ世ご夫妻から贈られた青い目の人形・ナンシーを在校生に引き継ぐとともに、ナンシーの寄贈に込められた「友情を大切にする」ということを実践するため、「友達のいいところや感謝の気持ちを手紙で伝え合う」という催し（ナンシーデイ）も初めて行いました。

　2020年度の1年は、あらゆることが今までのやり方では通用しませんでした。ただその分、「失敗してもいい。とにかく挑戦してみよう」という空気が、校内にあったように思います。グランドデザインに掲げた「学びに向かう力」―よりよい学校生活や人生、社会づくりに取り組む力―が少しずつ子どもたちに芽生えている、そんな気がして嬉しくなりました。

3月2日（火）「図書館から卒業生へのプレゼント」

図書館の水田先生が6年生に粋なプレゼントを用意してくださいました。6年生一人ひとりの小学校6年間の読書履歴を、冊子にまとめて配ってくれたのです。表紙には「これがあなたが小学校時代に読んだ本のリストです。これからも本を読んでくださいね」とコメントが書かれています。最初のページには、小学校1年生の時、初めて図書館で借りた本が載っています。あの頃、私はこんな本を読んでいたのかとか、この本に影響を受けてこんなことを考えていたなあとか、履歴を見ればそんな思い出がよみがえってくるはずです。私もかつて本が大好きな子どもだったので、当時こんなリストがあったらよかったなあと思いました。６年生の中で一番たくさん借りたのは図書委員長Ｈ・Ｗさんで、彼女の冊子には８００冊以上の本の題名が並んでいます。読書の好きな子にとっては宝物のようなプレゼントになるはずです。10年、20年たってもう一度この冊子を開いてみたとき、小学校時代の自分が鮮明によみがえってくるでしょう。

3月3日（水）「個別最適な学びと協働の学びの往還」

本校の通級指導教室では、低学年と高学年に分けて月1回GSST（グループソーシャルスキルトレーニング）が行われています。今日は、低学年グループの最終回、最後のミッションは恒例の「校長室まで歩いて行って自己紹介をする」でした。本校や他校の子ども6人が、校長室できちんと挨拶をして自己紹介をしてくれました。牧内先生が書いて子どもたちに配った言葉を紹介します。「今年初めてグループ学習に参加する子どもたちばかりのスタート。なかなか予定通りに活動が進まず焦った前半、1対1の個別学習では見えなかった子どもさんの良さや課題にたくさん気づかされました。その気づきは個人の時間に反映させたり、担任の先生との情報交換に活かしてきました。後半は、急速に『集団』として成長していましたね。子どもたちの前に立つとキラキラした瞳がじっと集中して見てくれていました。1年間通してステキだったのは、どの子も友達を大事にする優しい心が行動に現れていたこと。待ってくれる、聞いてくれる、拍手が起こる、にっこり笑顔……温かい仲間でした。みんな本当にやさしいね。特大花丸です。グループSSTで味わった『友達と楽しく過ごす心地よさ』を大事にクラスでも過ごしていきましょう。1年間ありがとう！　また会いましょう！」。ここに特別支援教育のエッセンスがあります。

新しい学習指導要領でうたわれている「個別最適な学びと協働の学びの往還」の姿です。本校は、通級指導教室のおかげで、学校全体がインクルーシブな雰囲気をベースにして毎日の学校生活が成り立っています。

3月4日（木）「トップページリニューアル」

信州大学教職支援センター准教授の荒井英治郎先生が来校され、授業参観や懇談を行いました。なべっ子学習タイムや自学自習についてお話をさせていただきました。そこで出された提案でいいなあと思ったことがあります。それは、「なべっ子学習ノートやプランニングなど、なべっ子学習タイムの取り組みを、プラザの先生たちとも共有したらいかがですか」というご指摘でした。プラザに行っている子どもたちは着いたらまず勉強をやります。その時間の過ごし方について今まで関心を持っていませんでしたが、言われてみれば確かにその通りです。子どもたちの学びを、24時間リンクさせることの大切さについて、改めて感じることができました。今後は年度当初に開かれる、プラザとの懇談会で方向性を共有したいと思います。鍋屋田小学校ホームページの来室者の数（２０１４年7月1日～）が、本日10万人を超えました。たくさんの方にご覧いただき、うれしい限りです。来年度は、なべっ子情報局「児童会放送委員会の活動」をさらに充実させていきたいと思います。祝10万人ということで、トップページの写真（スライドショー）を明日からリニューアルします。

3月5日（金）「鍋屋田小学校第116期卒業生を送る」

卒業生と在校生のいろいろな思いが重なり合った「6年生を送る会」でした。「ありがとう、6年生」。各学年の発表や歌、思い出をふり返るスライドに、1年生から5年生のそんな心の声が聞こえてきました。私も同じ気持ちです。6年生の皆さん、もうすぐ卒業ですね。特にこの1年間、鍋屋田小学校の伝統を引き継ぎ、学校のリーダーとして、児童会活動やいろいろな行事などで、その力を十分発揮してくれました。さまざまな活動を通して、責任を持つことや協力し合うことの大切さ、やり遂げたことの喜びなどを、実感したことでしょう。1年生から5年生の皆さんの中には，運動会や音楽会などの6年生の姿を見て、憧れの気持ちを持った人もいるでしょう。また児童会活動、登校班やクラブ活動などで、6年生に助けられたり、教えられたりしたこともあったでしょう。6年生と学校で一緒に過ごすのは今日を含め、あと9日しかありません。「後のことはわたしたちが立派に引き継ぐので安心してください」。これは5年生の気持ちでしょうか。「もうお兄さん、お姉さんがいなくても一人で何でもできます」。これは1年生の気持ちでしょうか。6年生の何気ない一つ一つの言葉や行動は、気がつかないうちに、鍋屋田小学校の第116期卒業生として、その足跡を歴史に確実に刻んでくれました。そしてそのバトンを、5年生以下の在校生がつなごうとしています。

3月9日(火)「その日、君の住む町が巨大なゲーム空間になる」

本日、学生団体「Gomitomo」が主催する「清走中　長野市街地編」が鍋屋田小校庭を会場に行われました。好天に恵まれ、ぽかぽかと暖かな半日でした。参加者は、6年生29人、職員5人、保護者3人、学校応援団、JT関係者、一般参加の方、スタッフとして動いてくださった高校生、報道関係の皆さんを含めて総勢100名程度のイベントとなりました。まず、時折LINE（ライン）で送られてくるミッションをクリアしながらかなり広い範囲のエリアで、グループごとに約1時間半のごみ拾いを行いました。ミッションは難易度が高く、よく考えられていて楽しめるものばかりでした。戻ってきて、集めたごみの重さとたばこの本数を数え、ごみの分別をしました。最後に、校庭いっぱいひろがって

「逃走中（鬼ごっこ）」を行い、ハンターから逃げ切った人数がポイントに加算されるというルールでした。今回、北村さんの運営で感心したことが3つ。まず、資金調達のうまさです。子どもたちに渡された賞品は結構、豪華なものでした。協賛企業を募って運営しているため、資金力があるのです。プラチナ、ゴールド、シルバー、ブロンズと段階を分けて寄付を募っているようです。次に、マスコミ活用のうまさです。彼は、かなりのマスコミに自分で声をかけて取材を依頼しています。今日は、NHK、NBS、INC、信濃毎日新聞、長野市民新聞の各社が取材をしていました。これらはともに「誰もが自分の街で楽しめる世界的な外遊びとして定着することを目指し、ポイ捨てによる環境破壊を撲滅する未来を実現します」と謳った「清走中」というプログラムそのものが、魅力的だからだと思います。最後に、彼自身のバイタリティです。彼は今日と同じ「清走中」を3月中に、県内5ヶ所で計画しています。その打ち合わせや準備で毎日駆け回っています。大学進学を控えて遊びたいだろう2、3月の時間のほとんどをこのイベントに費やしているのです。その生き方が高校生の域を超えている、この学校の卒業生に大きな拍手を贈りたいと思います。

3月10日（水）「あと1週間」

卒業式まであと1週間となりました。私はこの時期特有の、惜別の雰囲気漂う学校が好きです。6年生との別れをなんとなく感じている1年生が寂しげだったり、落ち着かなかったりする姿があります。6年生も「最後の○○」と名の付く時間を過ごしながら、フワフワしていたり、テンションが高かったりします。子どもたちはこれから、大好きな6年生との別れ、転校する友だちとの別れ、先生方との別れが待っています。人はどんなに大好きな人とも、いつかは別れなければなりません。大事なことは、その人から教えてもらった大切なおくりものを、自分の心の中でもっと大きく育て、成長につなげることです。もっと大切なことは「一人ひとりが今までの自分とどう別れるか」ということです。今までの自分ときっぱり別れて全く新しい自分になることで、きっと新しいすてきな出会いが待っていると思います。

3月11日（木）「花は咲く」

今日は、東日本大震災（2011年3月11日発生）から10年です。半旗を掲げ、発生時刻の午後2時46分に放送で震災についての話をして、全校で黙とうを捧げました。朝、半旗を掲揚していたら、2年生に「校長先生、何してるの？　どうして旗を揚げているの？」と聞かれました。「今日は何の日？」と聞き返してもピンとこない様子でした。震災当時、3年生以下の子どもたちはまだ生まれておらず、4〜6年生の記憶もほとんどないといっていいでしょう。放送では、おじいちゃんを津波で失った気仙沼市の小学5年、菊田心くんの「ありがとう」の詩を紹介しました。5年生の道徳で扱ったものです。震災記憶の風化ということが叫ばれますが、震災そのものを知らない子どもたちにきちんと伝えていくことの大切さを思いました。合唱団が夕方、長野市芸術館で「卒団コンサート」を行いました。集まった先生方や保護者の皆さんに、東日本大震災の復興支援ソング「花は咲く」を含めて、8曲を披露してくれました。選曲の良さもあって、子どもたちの澄んだ歌声に心癒された1時間でした。この日のために合唱団の子たちは、休み時間も集まって一生懸命練習していました。何人もの子どもから「校長先生、今日見に来る？」と誘われました。今年度はNコンなどのコンクールが中止され、思い通り活動ができなかった合唱団でしたが、卒業前に素晴らしいステージで演奏できてよかったと思います。コンサートの様子は、15日のａｂｎステーションで放送される予定です。

3月12日（金）「6年生からのバトン」

1、2時間目に6年生が奉仕活動を行いました。リノリウムの床の汚れを「激落ちくん」とぞうきんを使って黙々と磨いていました。話し声一つせず、一人になってお世話になった校舎を感謝の気持ちを込めて磨く姿に、6年生の思いが伝わってきました。児童会長I・Yくんが「ナンシーのプロフィール」をまとめて、パスポートや写真とともに額に入れて掲示してくれました。前から気になっていたそうで、自分で考えて作ってくれました。自分たちの思いを後輩に引き継ごうとする気持ちを形に表してくれました。お昼休みには、6回目のゲリラライブがありました。いつもの職員バンドに加え、6年生のS・Kくんがギターデビューを果たしました。演奏曲は「桜坂」。別れの季節を演出してくれました。6年生は算数の授業のまとめとして、「問題づくり」をしてきました。その問題が昇降口のケースに学年別に並びました。「1～5年の皆さんへ。算数の問題です。算数の時間に6年間のおさらいで作りました。ぜひ解いてみてください。6年生より」とメッセージが書かれています。6年のY・Sくんは、自分の作った問題を手に写真を撮っていました。なべっ子学習タイムには、6年生が卒業証書授与の練習をしていました。卒業まであと3日。6年生から後輩へのバトンが渡されています。

3月13日(土)「ご愛顧ありがとうございました。なべっ子商店閉店」

今日、3回目の「なべっ子商店」(4年生の「総合的な学習の時間」の一環)が、ごん堂秋葉ベースで開店しました。あいにくの雨でしたが、自分たちで育てたカイワレ大根、マスクやマスクケース、和紙のコースター、エコバッグ、青大豆や白菜、銀杏などを売り出し、午前10時から1時間ほどでほぼ完売しました。ビニールシートやトレーによるつり銭のやり取り、録音による宣伝など、自分たちで考えた感染対策を徹底しての販売でした。地域や保護者の皆様にたくさんお買い上げいただきありがとうございました。3回の売り上げは、権堂商店街協同組合に寄付、第三地区住民自治協議会の方々が常設のすてきな「テントとベンチ」に変えてくださいました。「鍋屋田小学校4年生寄贈」とプレートも貼っていただき、いつでも見ることができます。児童代表から権堂商店街協同組合理事長の市村さんへの目録寄贈式を行い、市村さんと市会議員の箱山さんから「権堂を盛り上げてくれてありがとう。これからもつながりを作っていきましょう」と温かい言葉をいただきました。全員で記念写真を撮って、令和2年度なべっ子商店は閉店しました。

3月15日（月）「6年生へのプレゼント」

本日、長野市の感染者数は11人、今月に入ってからは計43人と感染が広がっています。県の感染警戒レベルも3に上がるとのことです。明後日に卒業式を控えて心配が募っています。卒業生の保護者、5年生以下の児童、来賓も参加して行う予定ですが、レベル4になってしまうとこれが難しくなってしまいます。レベル3でとどまれば、健康観察と検温、マスク着用、座席の間隔を十分とるなどの感染防止策を徹底して、予定通り挙行する予定です。これ以上、広がることのないよう祈るばかりです。2月に6年生全員と校長室で会食をし、マスクをつけて様々なことを話しました。その時、「大切にしていきたい生き方、中学校への抱負、志」について話している様子を録画しました。全員分をディスクにコピーしたので、17日までに子どもたちに渡す予定です。成人式を迎えるころ、小学校時代の自分たちを振り返って視聴してください。そして懐かしくなったら石井先生、前担任の栗林先生を呼んで同級会でも開いてください。ギューリックⅢ世さんが、アメリカの名所の写真が載った「ポストカード」を卒業生全員にプレゼントをしてくれました。12日にエアメールで届きました。こちらも17日までに全員に渡す予定です。自分の机の見えるところに飾って、小学校時代に考え合った「友情」の象徴として、時々、自分の生き方を見直すきっかけとしてほしいと思います。6年生が出来上がった卒業アルバムを校長室に届けてくれました。アルバム委員を中心に秋ごろから作ってきた力作です。将来、折に触れて懐かしくアルバムを開くことでしょう。タイトルには「つながり」とありました。

3月16日(火)「さよならコンサート」

47日間の3学期が終わりました。感染警戒レベルが上がったことから、放送で終業式を行いました。1年生と4年生のまとめの発表、転校していく子の紹介がありました。1年生は全員が、自分で描いた絵日記を前に「この1年で楽しかったこと」を堂々と発表してくれました。1年生の成長ぶりが感じられてうれしかったです。4年生は、2人が「発言のこと、なべっ子学習(自学自習)について」「なべっ子商店について」頑張ってきた様子を作文で発表してくれました。4年生もしっかりと自分の言葉で今年のまとめを語ってくれました。

午前中は全校で卒業式の練習、午後は椅子を搬入した後、4、5年生が会場づくりや清掃、6年生は最後の式練習を行いました。いい卒業式になりそうな予感がします。昨日できなかった第7回ゲリラライブを、昼休みに昇降口で行いました。いつもの職員バンド+

6年I・Yくんのピアノ＋合唱団6年生の歌＋私も歌で加わって「いのちの歌」（竹内まりや）、「糸」（中島みゆき）を演奏しました。たくさんの子どもたちも一緒に歌ってくれて、すてきなラストライブになりました。

3月17日（水）「旅立ちの日に」

令和2年度卒業証書授与式を行いました。今年1年頑張ってくれた6年生の旅立ちを、全校児童と地域の皆様でお祝いすることができました。ギューリックⅢ世ご夫妻とのオンライン交流も大成功でした。4人の6年生が英語でギューリックさんご夫妻と対話をしました。ギューリックさんは、日本語交じりの愛嬌のあるゆっくりした英語で子どもたちに応えてくれました。座席の間隔をあけたせいで保護者席が遠くなったので、ステージ上のカメラで一人ひとりに証書を授与する様子をスクリーンに映しました。表情がよく見えたのではないでしょうか。スクリーンに映し出した式次第を、今までよりわかりやすく表示するユニバーサルデザイン化もやってみました。在校生の呼びかけと合唱「明日へつなぐもの」、卒業生のメッセージと合唱「旅立ちの日に」も心を打つ演奏になりました。PTA会長松澤さんの祝辞、卒業生保護者代表田中さんの謝辞も感動的でした。緊張感の中に温かさを感じる80分でした。6年生は教室に戻ってから大号泣だったようです。来賓でお見えになった方から「素晴らしい卒業式でした」という言葉をいただきました。そのあと離任式、体育館での最後の学活と続き、満開の白梅の下での見送りとなりました。凛々しい制服を身にまとった6年生が輝いて見えました。ご卒業おめでとうございます。そして6年生ありがとう。ボンボヤージュ！

3月19日（金）「お世話になりました」

17日の離任式で紹介されたように、私も今年度末で退職することになりました。41年間の教員生活でしたが、その最後の5年間を鍋屋田小学校で勤めることができて大変幸せでした。離任式やそのあと、たくさんの子どもたちが泣いてくれました。教師冥利に尽きる最後の一日でした。本当にありがとうございました。また昨日、今日と、保護者の方や子どもたち・本校の卒業生がたくさん訪ねてきてくれました。懐かしい卒業生に会うことができてこれも嬉しかったです。「校長室から」は、コロナ禍で保護者の皆様に授業や行事を見ていただくことがままならない1年で、学校の様子をできる限りお伝えしようと毎日更新してきました。アクセス数も32000を超え、たくさんの方にご覧いただき感謝の思いでいっぱいです。このブログは3月いっぱい最後まで書き続けるつもりです。

3月24日（水）「別れの風景」

本日、転退任職員を送る留別茶話会と、私の掲額式を催していただきました。本来なら留別会で一献傾けながら感謝の言葉を贈るところですが、温かな茶話会で送り、送っていただきました。送る者と去る者の様々な思いが交錯するひと時でした。私に対しても、教頭先生や連学年主任の先生方から温かい言葉をかけていただき、本当にうれしかったです。花束やプレゼント、寄せ書きまでいただきました。大したこともできなかった5年間でしたが、この先生方のおかげで今日があることをあらためて感じました。掲額式とは、校長の写真を会議室に飾る儀式です。鍋屋田小の校長は、私で32代目になります。皆さん忙しいので「自分で会議室にかけていくから」と教頭先生に言ったのですが、私の経歴や鍋屋田小の5年間をパワーポイントにまとめていただいたり、PTAの皆さんに連絡を取っていただいたり、会場の準備などもしていただきました。年度末業務で忙しいのに、準備に時間を割いていただいた先生方に感謝です。鍋屋田フレンズのBGMにのせて5年間の様子を見ていたら目頭が熱くなりました。PTA会長松澤さんからも過分なご祝辞をいただきました。ＰＴＡの皆さんにも本当に助けていただきました。感謝の一言です。今日の２つの温かな式は、すべて徳武教頭先生の計画で、先生のお人柄そのものでした。これまで私もたくさん教頭先生に助けられてきました。本当にありがとうございました。

3月29日（月）「テレメンタリー2021」

今年度1年間、長野朝日放送（ａｂｎ）に、６年生と担任の石井先生に焦点を当てて「コロナ禍の学校教育」をテーマに取材を続けていただきました。その集大成となる番組が４月11日午後１時55分から放送されます。その正式なタイトルが決まりました。「テレメンタリー２０２１　コロナは『学び』を変えた〜長野市の教室から〜」だそうです。１年間の密着取材ですから当然いいシーンばかりではありません。コロナに揺れた学校のありのままや、石井先生の苦悩を描いていただいています。コロナ禍の２０２０年という１年間の、ごく普通の公立小学校とそこに通う子どもたちとごく普通の教師が、何に悩み、壁にぶつかり、越えていったかという日常を描いていただくことは、歴史的に貴重な記録になると私は思っています。どんな番組になるか楽しみです。

3月31日（水）「さようなら」

昨日は5、6年生の登校日でした。教室移動や入学式会場準備、清掃など手際よく進めてくれました。帰りに5年生がたくさんやってきて手紙を届けてくれました。来年は学校の顔として頑張ってほしいと伝えました。その後、子どもプラザにお礼に行きました。花束まで用意してくださっていて、ありがとうございました。先生方にそっとお礼をと思って行ったのですが、プラザにいた子どもたちがほとんど出てきて、大騒ぎになってしまいました。午後は1、4年の学級発表、役員決めの学級懇談会、ＰＴＡ新役員会と続きました。これまでのお礼と入学式の変更について私からお話をさせていただきました。29日にご挨拶に回った上千歳区長の西澤さん、第三地区住民自治協議会長の古川さんからは、感謝状や上千歳48のTシャツ・住自協の法被をいただき、上千歳と第三地区の名誉会員にしていただきました。開かれた学校づくりに大きな力をくださった皆さんです。これは嬉しかったです。最終日となりました。このブログも昨年度、休業開始の前日（3月2日）からほぼ毎日更新し、今日が２６５回目の更新になりました。昨年の3月より現在の状況は悪化しているかもしれません。でも大丈夫、なべっ子たちは昨年より確実にたくましくなっています。後任の永井克昌先生は、２０１９年の台風19号災害、新型コロナウイルスと激動の3年間、長野市教委で陣頭指揮を執ってきた方です。広い視野とリーダーシップで鍋屋田小学校をさらに発展させてくださると思います。今後も、永井校長ともども鍋屋田小学校をよろしくお願いいたします。子どもたちをはじめ、これまでお世話になったすべての皆さんに心から感謝します。本当にありがとうございました。さようなら。

そろって迎える卒業式の意味

3月17日の卒業式。在校生や来賓も出席し、例年通りの形で行われました。式の間は神妙な面持ちだった卒業生たちですが、式場を出たとたんに大号泣。私と一緒に取材を続けてきた本多正樹カメラマンも撮影をしながらもらい泣きしてしまい、「カメラマンさんも泣いてる〜！」と卒業生にからかわれる場面もありました。泣き笑いあふれる、いい式でしたが、こうした形での開催は実は危うい状態でした。この頃、県内は感染の「第4波」の真っただ中。長野市は式前々日の15日の段階で、長野県独自の感染警戒レベルが「3」でした。これが「4」に上がると来賓は会議室から、在校生は教室からオンライン出席。「5」になれば、在校生は登校もできなくなる決まりでした。ただ「4」に上がったのは式翌日の18日。全員が参加できたのは、ギリギリの幸運ともいえる状況でした。

卒業式は、卒業生にとっては来し方を振り返って周囲に感謝したり、自省したりするとともに、人生の節目として気持ちを新たにする場。在校生にとっては今後の姿を思い描き、成長への意識づけをするという教育的な意味があります。

そうした点などで、誰が出席できるかは大事でした。鍋屋田小では、参加する誰もがお互いに深い関わりを持っていたからで、在校生は卒業生と縦割り班で一緒に活動。来賓としてやってきた地域の人たちは、クラブ活動や総合学習などで一緒に過ごしてきました。保護者や先生にとっても、こうした人たちがその場にいることは、卒業の意味を噛みしめる上では大きいでしょう。

全ての人がそろう中で、巣立つ。そして、その姿を見る。これを経たことで、誰もが今後への気持ちをより新たにできたのではないかと思います。（川見）

「ごく普通」だから描きたい～テレメンタリー制作記～

川見　能人

テレビ局への出向が決まった時から、ドキュメンタリー番組を作りたいと思っていました。当時務めていたのは記者に指示し、書かれた原稿をチェックして紙面を作るデスク業務。再び現場に出るからには何か形になるものをと考えました。教育の取材が好きで、できれば学校を舞台にとも思っていました。

そこへコロナ禍が起きました。たまたま上司に当てられたデイリーニュースの取材で訪れた、臨時休校前日（２０２０年3月2日）の鍋屋田小学校。6年生にとっては最後の通常登校日で、泣き出す子や困惑する先生たちの様子に、今後を取材できれば、きっと何か形になると直感的に思いました。日を改めて田川先生に長期取材のお願いをしたところ、受け入れて下さいました。

取材テーマは「コロナ禍での子どもたちの学びをどう支えるか」。春の段階では、前例のない感染対策や再度の臨時休校など目に見える動きがあり、取材内容には苦労しませんでした。ただドキュメンタリーは、ある人物に焦点を当て、その人を通してテーマに据えた課題を描き出すのが基本です。当初は子どもを考えましたが、物語になりそうな子は見当たりません。そんな中、悩みを深めていたのが、6年担任の石井孝道先生でした。

石井先生は教師歴31年目のベテラン。責任感が強い分、登校期間が2か月削られたことに焦りを感じ、35分授業の導入には戸惑っていました。ドキュメンタリー番組というと過酷な運命を背負うなど特殊な人が登場するケースが目立ちますが、ごく普通であるがゆえに、コロナ禍に戸惑う教師や学校現場を象徴していると感じ、注目することにしました。

取材中は様々な出来事がありました。普段より短い校外学習、そして子どもたちが提案した運動会・音楽会。ただ、石井先生にとって大きかったのはクラスで起きた「いじめ」でした。「バカ」「気色悪い」など言葉の暴力が横行したというもので、先生は事態の収拾に追われました。そんな中、解決に向けて一部の子どもが動き出します。先生抜きで話し合いたいとの申し出があり、クラスは徐々に落ち着きを取り戻します。肩に力が入っていた先生は、これを境に引っ張るタイプの指導から、子どもに任せる方向に、向き合い方を切り替えます。授業も、まずは子どもの興味を引き付け、自ら伸び行く力を大切にするという、元々大事にしてきた考えを中心に据えていきます。特殊な状況下で、子どもたちはもちろんですが、先生自身も子どもたちから多くのことを学んでいたのです。

学校には各自の事情があり、抱える課題も異なるでしょう。経済的・精神的に追い詰められた子も少なくなかったと思います。そうした子は登場しませんし、実質24分のＶＴＲは力ある場面のつまみ食いで、描き切れなかった過程も多々ありました。それでもコロナ禍を過ごした、ごく普通の子どもたちの、そして先生も含めた学校現場での学びという点では、一定のものは描けたのではないかと思っています。

制作した番組、テレメンタリー２０２１「コロナは『学び』を変えた～長野市の教室から～」はインターネットのYouTubeで無料公開されています。ご興味があれば、ぜひご覧ください。

あとがき

私は、41年間の教員生活最後の5年間を長野市立鍋屋田小学校で勤務しました。その41年目の退職の年に、新型コロナウイルスの感染拡大が襲いました。もちろん長い教員人生の中でも初めての経験です。いったん決めたことが感染状況によって何度も覆るという心の折れそうな毎日で、職員間で学校運営について話し合う教務会は、年間30回近くに及びました。

ブログという発信方法の性格上、本文ではあまり触れていませんが、コロナ禍は子どもたちの日常に少なからず影を落としていました。ある時、納入期限を過ぎた学年費を支払いにきた保護者が言いました。「先生、今うちには現金がないんです」。生活の苦しさが凝縮されているようで、今でも忘れられません。また断続的に約3ヶ月続いた休校期間中には、「煮詰まった」保護者の苦悩の数々が、日々学校に提出する健康観察の備考欄に書かれていました。家庭内暴力や虐待が起きていたのも事実です。学校が福祉的な役割を担っていることを痛感させられました。

休校中、学校運営のあり方を巡って揺れ動く私の指針となった言葉があります。京都大学准教授の石井英真先生が書いた、「遠距離恋愛のごとく子どもを想うことから始め、心を通わせるために手を尽くす。それで子どもも保護者も教師も〝こころの温度〟を上げていく」。コロナ禍であろうと、休校中であろうとその軸は変えず、置かれた環境の中で「一人ひとりの子どもを想い、心を通わせるためにその子に合った手を尽くす」のだと、自分自身を鼓舞しながらやってきました。

「子どもたちが主人公の学校づくり～未来を切り拓く自立した学習者の育成～」。これはコロナ禍以前から、鍋屋田小が2020年度の目指す学校像として掲げていたものです。手前味噌ですが、新しい学習指導要領や、結果的にウィズコロナの時代にもマッチしていたと思っています。言い換えれば、コロナ禍は、それ以前から学校が抱えていた課題を顕在化させ、私たちはその課題に向き合うことになりました。予測不能な未来を自立的に生き、自分たちの生活や地域を創り上げるために必要な資質能力を育てることが、これからの学校に求められる役割であることを再認識することとなりました。

これを書いている現在も、長野県は感染警戒レベルが「特別警報Ⅱ」に相当する「5」。まだまだ先行きは不透明です。しかし2020年度は、コロナ禍を越えて「自立した学習者」へと向かう子どもたちの底力、たくましさを強く感じた1年であり、学校や教育のあり方を改めて考え直した1年にもなりました。誰にとっても苦しかった日々ですが、いつか「コロナ禍は、新しい学校教育の萌芽だった」と振り返ることができる日が来ることを、願ってやみません。

最後になりますが、本書の編集と出版にご尽力いただいたほおずき書籍の木戸ひろし社長、編集部の中村巧さんには大変お世話になりました。また、長野朝日放送（ａｂｎ）の川見能人さんには、１年間の取材、本書のチェックと執筆に大変お力をいただきました。校長室で繰り返した川見さん、カメラマンの本多さんとの対話は、大変楽しい時間でした。そして何より鍋屋田小の素晴らしい子どもたち、支えていただいた保護者の皆様、鍋屋田小に関わっていただいていた温かな地域の皆さん、教頭の徳武真弓先生をはじめ、鍋屋田小の先生方と出会えたことは、教員冥利に尽きる幸せでした。小学校勤務は初めてでしたが、最後の勤務校が鍋屋田小でよかったなあと心から思っています。本当にありがとうございました。

２０２１年８月31日　田川昌彦

用語解説

学びの個別最適化：個別最適化された学びとは、文部科学省が、「目指すべき次世代の学校・教育現場」として掲げた教育のスタイルを指します。一人ひとりの理解状況や能力・適性に合わせた個別最適化された学びを行うことで、発達障害を持つ子どもや日本語指導が必要な子ども、特異な才能を持つ子どもなど多様な子どもたちが誰一人取り残されることがないようにするのが目的です。

授業のＵＤ化：学力や特性にかかわらず、すべての子どもが楽しく、わかる、できるように配慮された通常学級における授業のデザインのことを言います。具体的には、焦点化、視覚化、場や時間の構造化、刺激量の調整、授業ルールの明確化、スモールステップ化、共有化など様々な視点で授業を工夫します。

コミュニティ・スクール：学校と地域住民等が力を合わせて学校の運営に取り組むことが可能となる「地域とともにある学校」への転換を図るための有効な仕組みです。学校運営に地域の声を積極的に生かし、地域と一体となって特色ある学校づくりを進めていくことができます。

ＬＤ等通級指導教室：小・中学校の普通学級に在籍するＬＤ（学習障害）・ＡＤＨＤ（注意欠陥／多動性障害）・自閉スペクトラム症等の障害のある児童生徒が、障害に応じた特別な指導（自立活動）を受ける場として「ＬＤ等通級指導教室」を設置しています。

研究授業：より良い授業を求めて実験的、研究的に行う授業。

反転授業：反転授業は、従来の授業形態をまさに「反転」させたもので、家庭でいわゆる「授業」を映像教材・動画を用いて予習の形で受講し、学校の教室で行う授業の時間では通常「宿題」として扱われる演習や、学習内容に関わる意見交換などを行うものです。つまり、学びのインプットとアウトプットの場を全く逆にするものです。

自由進度学習：それぞれの子が与えられた課題について、自分にとって「ギリギリ達成できないくらいの目標」を立て、自分で選んだ内容を、自分が選んだ方法、自分が選んだ速度で学んでいくスタイルの学習です。

連学年（会）：連続する2つの学年。1、2年、3、4年、5、6年と2年スパンの目標を立てて教育活動を行います。鍋屋田小は単級の学年が多いため、連学年がチームを組んで、連学年会で話し合いながら行事運営や生活指導、授業研究などを行っています。

縦割り班：鍋屋田小は、全校児童が200人前後と小規模校であるため、異学年の縦のつながりを大切に活動してきました。遠足や校外学習、清掃などを連学年で一緒に行ったり、1〜6年の縦割り班30班を、年間固定して、6年生のリーダーシップのもと清掃活動や校外清掃、全校体育、全校対話などをそのメンバーで行っています。また、その中で、1年と6年、2年と5年、3年と4年が姉妹学年となり、交流活動を行ったり姉妹学級のペアでイベントに参加するなど、年間を通した縦割り班のつながりを深めています。

お話の会：鍋屋田小で10年来、月一回読み聞かせをしていただいている地域（七瀬中町）の読み聞かせサークル、代表は丸田周子さん。

全校対話：2年前に校長講話の代わりに始めた、年5回校長がテーマを示し縦割り班ごとにテーマについて話し合う活動のこと。6年生が司会、5年生が記録を担い、教員、保護者、地域の方など大人が各グループにゲストティーチャーとして加わります。

シャッフル道徳：事前に、校長、教頭を含む全教員がくじを引いて授業学級を決め、道徳の授業を行います。全校対話の後の時間に設定されています。

サマーセミナー：夏季休業中に行う希望者による

学習相談の時間。自学自習が基本です。

ドラゴンクエスチョン：私は鍋屋田小着任当初から、児童に向けて1ヶ月に一度、年間9つのミッションを出してきました。ミッションは、論理的な思考力、説明する力、手先の器用さ、想像力、好奇心などをくすぐるものを考えて出題していました。2020年度のミッションを紹介します。

ミッション2020

5月：ステージ1「おうちでできるミッション007」

6月：ステージ2「なべっ子が選ぶ　図書館のワクワク本総選挙」

7～8月：ステージ3「ちょうせん！今・昔の遊び」

9月：ステージ4「ホエールくんを海につれてって1」

10月：ステージ5「音読にチャレンジ①」

11月：ステージ6「音読にチャレンジ②」

→「お話玉手箱」

12月：ステージ7「大豆の数と重さあて」

1月：ステージ8「ストップウオッチ60秒チャレンジ」

2月：ステージ9「ホエールくんを海に連れてって2」

次は、5月の休校中に出題した7つのミッションです。

1　ぜんこうやクラスのおともだちにむけて、「いま、つたえたいこと・みんなでできるていあん」をてーまに、あなたのめっせーじをかいてください。

2　「よつばのくろーばー」をさがして、おしばなにしてかみにはり、いまかんじていることをひとことそえて「えてがみ」をつくりましょう。

3　「ころながおわったらやりたいこと」をてーまに、はいくをつくりましょう。

4　あなたのいってみたいところ（にほんでもがいこくでも）をきめて、えあ「りょこうぷらん」をつくってください。なにでいくか、どのくらいかかるか（じかんとおかね）、どこをみるか、どこにとまってなにをたべるか、おみやげはなにをかうか、などほんとうにいくつもりでしらべて、けいかくをたててみてください。

5　ちょっとむずかしいおりがみのさくひんにちょうせんしてみてください。

6　サイトをさんこうにいちにちでできる「じゆうけんきゅう」にとりくんでみましょう。

7　せかいにひとつの「おりじなるますく」をつくりましょう。

ドラゴンクエスチョン（通称ドラクエ）を毎回楽しみにしている子どももいて、平均すると30人くらいの児童が、年間通じて挑戦していました。特にホエールくん（プログラミング教材）などは、全校の約半分100人近くの子どもたちが挑戦してくれました。表紙の写真は、休校中このミッションの2に挑戦した6年生、湯本真凛さんの作品です。このほかにも、校内七福神&こびと探し、新任の先生にインタビュー、鍋屋田小の秘密を見つけよう、長野をアピールする俳句づくり、長野県の歴史や自然、産業に関する算数の問題作り、ENGLISHビンゴなど、子どもたちの意欲をくすぐる問題を考えて出題してきました。俳句や算数の問題などは外部のコンクールに応募したり、得点の高い子の音読をお昼に放送したりして意欲喚起を図ってきました。ドラクエのお陰で休み時間の校長室が子どもの笑顔であふれ、私自身が、いろいろな子どもたちとコミュニケーションを深めることができました。

著者紹介

田川　昌彦（たがわまさひこ）

執筆分担　［まえがき　ブログ　月ごとのコラム　あとがき］
1957年生まれ　長野県上田市出身
神奈川県鎌倉市、長野県内の中学校教諭を歴任。長野県教育委員会指導主事、青木村立青木中学校教頭、長野県松川高等学校教頭、長野県教育委員会教学指導課心の支援室教育主幹、長野市立西部中学校校長、長野市教育委員会教育次長を経て、長野市立鍋屋田小学校長を５年間務める。専門は社会科。2021年３月退職。2021年９月現在、長野上水内教育会事務局長。

川見　能人（かわみよしひと）

執筆分担　［月ごとのコラム　テレメンタリー制作記　全体の原稿監修］
1975年生まれ　横浜市出身
2001年、朝日新聞社に入社。仙台支局、横浜総局、東京・大阪両本社の社会部などを経て、2018年９月に長野総局に次長（デスク）として赴任。翌2019年９月から長野朝日放送（abn）に出向となり、鍋屋田小に出会う。2021年８月に出向期間満了となり、朝日新聞社に帰任。2021年９月現在、東京本社社会部記者。取材経歴は教育、事件事故など。

写真提供：長野朝日放送（abn）・鍋屋田小学校

禍を超えて～鍋屋田小学校校長室から～

2021年12月10日　発行

著　者　田川昌彦・川見能人
発行者　木戸ひろし
発行元　ほおずき書籍株式会社
〒381-0012　長野市柳原2133-5
TEL（026）244-0235㈹
web http://www.hoozuki.co.jp/
発売元　株式会社星雲社（共同出版社・流通責任出版社）
〒112-0005　東京都文京区水道1-3-30
TEL（03）3868-3275

ISBN978-4-434-29697-0